CORTA PRA MIM

Os bastidores das grandes investigações

Marcelo Rezende

CORTA PRA MIM

Os bastidores das grandes investigações

3ª reimpressão

Planeta

O conteúdo desta obra é fruto de trabalho jornalístico do autor e não contém necessariamente a opinião da editora e de seus dirigentes.

Preparação: Luciana Araújo
Revisão: Cátia de Almeida
Diagramação: Casa de Ideias
Imagem de capa: Edu Moraes

CIP-BRASIL. CATALOGAÇÃO NA FONTE
SINDICATO NACIONAL DOS EDITORES DE LIVROS, RJ

R356c

Rezende, Marcelo, 1951-
Corta pra mim : os bastidores das grandes reportagens / Marcelo Rezende. - 1. ed. - São Paulo : Planeta, 2013.
240 p. : il.

ISBN 978-85-422-0227-4

1. Reportagens investigativas - Brasil. 2. Crime organizado - Brasil. I. Título.

13-05568 CDD:363.450981
CDU: 343.575

2013
Todos os direitos desta edição reservados à
Editora Planeta do Brasil Ltda.
Avenida Francisco Matarazzo, 1500 – 3º andar – cj. 32B
Edifício New York
05001-100 – São Paulo – SP
www.editoraplaneta.com.br
atendimento@editoraplaneta.com.br

Sumário

Ao Merival Júlio Lopes.
Sem ele, tudo poderia acontecer.
Com ele, foi bem mais fácil.

- 1 -
Nasci de um simples hífen

"Se o futuro está nos seus sonhos, então vá dormir."

Não se podia perder tempo naquele ano de 1969, em plena ditadura militar. O Brasil começaria a descobrir, de forma avassaladora e manchada de sangue, os gemidos e gritos provocados pelas prisões, sequestros e torturas. Por mais longo que fosse o inverno, um dia o verão chegaria. E, aos 17 anos, o meu precisava chegar rápido, e razões não faltavam: o dinheiro dos meus pais era contado aos centavos, e o meu nem contado era – afinal, como contar o que não se tem? E estudar, aqui entre nós, não era algo que estivesse nos meus planos.

Mas eu estudava – ou melhor, ia à aula de mecânica na Escola Técnica Celso Suckow da Fonseca, quase em frente ao estádio do Maracanã, no Rio, esse sim palco de minhas paixões, que, muito em breve, eu iria tentar usar em algum tipo de trabalho que me desse algum dinheiro para contar e, principalmente, gastar. Do que eu gostava? Futebol, claro, além de praia, livros e meninas (entre elas, aliás, conheci cinco extraordinárias, que me deram cinco lindos filhos, quatro deles mulheres, por sinal). E esses meus prazeres preocupavam minha família. Como não gosto de ser fonte de preocupação, tomei uma decisão: era hora de caçar um serviço. Até cheguei a pensar em cortar o cabelo, que ia pelos ombros, e colocar uma calça que não fosse boca de sino. Eu tinha apenas duas calças, uma delas jeans.

Considerei que aquele dia de outubro estava no jeito para mudar o visual: no cabelo fiz um rabo de cavalo, coloquei o jeans e tirei as sandálias de couro, daquelas de monge, tão em moda e que ganhara de uma namorada. Foi aí que o vizinho me chamou:

– Ô, Marcelo, seu primo no telefone.

Merival Júlio Lopes era – porque já se foi – duas vezes mais velho que eu e mil vezes mais sensato. Jornalista do primeiro time das redações cariocas, desdobrava-se como chefe dos copidesques de *O Globo* e do *Jornal dos Sports*. Este último era uma verdadeira tradição com sua capa rosa e, em meio ao noticiário sobre os craques, as crônicas de Nelson Rodrigues, que em breve seria meu colega e, posso dizer, amigo de conversas nem sempre publicáveis.

– Te espero às 5 horas, certo? – disse Merival, que estava louco para me tirar da vagabundagem e ver se algo me atraía no jornalismo, mas ele não tinha muita convicção de que eu iria. É que ele não sabia da conversa que eu acabara de ter com meus pais, Jaures e Tusa, o primeiro, nome, o segundo, apelido – embora os dois pareçam apelidos.

– Pai, mãe – disse, nessa ordem, mas quem mandava mesmo era minha mãe –, vou parar de estudar. Aprendo em física um troço chamado "plano inclinado" e nas aulas de hidráulica um tal de "recalque". Para que isso vai me servir na vida? Vou trabalhar.

Dava desgosto ver a expressão no rosto deles. Lembro-me dos gritos e ameaças da minha mãe – mas isso não vem ao caso agora.

Quando entrei pela primeira vez lá no *Jornal dos Sports* (escrito assim mesmo, em inglês), fiquei espantado: vi o Nelson Rodrigues, de quem já lera quase todos os livros e vira quase todas as peças; vi o João Saldanha, jornalista e então técnico da seleção brasileira – este seria meu amigo até morrer, em 1990. Era o fim de uma tarde de um outubro quente, que mudaria minha vida e que me permite estar aqui hoje, contando esta história.

Meu primo Merival tinha lá seu 1,70 metro, um sorriso permanente num rosto também permanentemente esburacado pelas espinhas mal curadas da adolescência. Eu o tinha como um pai.

– Pensei que você não viesse!

Eu dei um sorriso tímido, e, ao virar a cabeça, percebi um homem que devia ter o dobro da minha idade. Muito atarantado, diante de uma máquina de escrever antiga, daquelas Olivettis grandes, ele copiava umas fichas. Eram do Campeonato de Pelada do Aterro do Flamengo, uma grande promoção do jornal, implantada ainda na década de 1950 e que fazia parte dos chamados Jogos da Primavera.

Fiquei com dó daquele homem perdido entre tantas dezenas de fichas. Ele era baixo, o que dava para perceber mesmo ele estando sentado; usava uns óculos de lentes grossas, era calvo, rosto avermelhado, como se tivesse acabado de tomar um conhaque num gole só – o que não era o caso, pensei a seu favor.

– O senhor quer que eu dite? – perguntei, me aproximando de mansinho na tentativa de ajudar o moço de rosto vermelho.

E assim comecei a ajudá-lo. No meio de todas aquelas fichas, tinha a de um time de várzea que se chamava Couve-flor.

– Couve hífen flor – ditei.

Mais tarde, ele perguntou ao meu primo, com quem me vira conversando:

– Quem é aquele garoto? Engraçado! Ele falou "hífen" em vez de "tracinho". Traga ele para trabalhar aqui.

Fui para casa. Mais tarde, o vizinho me chamaria mais uma vez:

– Marcelo, seu primo de novo no telefone. E fala para ele não ligar mais a esta hora!

O vizinho dono do telefone tinha razão: 10h30 da noite é tarde para quem vai trabalhar logo cedo. Ainda mais naquele tempo.

– Quer trabalhar lá no jornal? – perguntou Merival de cara. – Chegue às 3 horas para acertar a papelada.

Aquele senhor, muito grato com minha ajuda e de quem eu tivera pena ao vê-lo enrolado com tantos papéis e nomes de times, era simplesmente Achilles Chirol, o diretor do *Jornal dos Sports*. Na sofreguidão do fechamento do dia, ele tinha ido à redação ajudar – e acabou ajudado por mim; e me ajudando para o resto da vida.

Assim ganhei meu primeiro emprego: repórter estagiário. E me tornei ex-aluno de mecânica da Escola Técnica Celso Suckow da Fonseca, fonte de duas saudades: a torre do relógio, para onde volta e meia eu escapava para namorar uma colega, e o belo campo de futebol, onde mostrava minha vontade e inaptidão com uma bola nos pés.

Lá na redação havia o José Castelo, um cearense de Mombaca. Gostava das palavras, das cachaças e de determinar a marcha da redação. Era o meu chefe de reportagem. Ele definiria o nome profissional que carrego para o resto da vida. Quando fiz minha primeira matéria (por ironia, sobre o mesmo campeonato de várzea que o Achilles tratara quando o vi pela primeira vez), Castelo me perguntou:

– Qual é o seu nome?

– Marcelo Luiz Rezende Fernandes.

– Como é que você vai assinar a reportagem?

Colocar meu nome no jornal? Perdi a fala – era uma emoção pensar que ali, para sempre, haveria de estar meu nome carregado dos sonhos, dos medos, das dúvidas da adolescência. Meu nome estampado nos jornais, aos 17 anos de idade!

– Marcelo Fernandes – respondi.

– Não. Esse nome é ruim. Seu nome fica sendo Marcelo Rezende. Nome começando com R é mais forte – disse, pois essa era a intuição dele.

Foi assim que ele decidiu que, como profissional, meu nome seria Marcelo Rezende, o que trouxe muita tristeza para meu pai e enorme alegria para minha mãe (já que Rezende era da família dela).

– – –

Eu já estava trabalhando no *Jornal dos Sports* há um ano. Quando completei 18 anos de idade, assinaram minha carteira profissional. Eu, por intermédio de um amigo do sindicato dos jornalistas, conseguira um registro provisório que, pouco tempo depois, se tornaria profissional e definitivo. Era 1970, ano do tricampeonato mundial no México – Pelé, Rivelino, Tostão, Carlos Alberto Torres, Jairzinho, Gerson, craques que assombravam o mundo pelo extraordinário futebol e que já apareciam em minhas reportagens. Foi aí que eu quebrei a cara.

Em um sábado, chamei Mario Paulo, um colega de redação, para sair com duas garotas que eu tinha conhecido num bar. Fazia um lindo verão no Rio de Janeiro. Saímos, bebemos e fomos para um apartamento que eu dividia com dois amigos em Copacabana. Era um rodízio: os dias do mês divididos entre os três. Eu me encantei pela garota, e aí acabei ficando na praia no sábado, no domingo e também na segunda-feira, dia em que eu faria minha primeira viagem a trabalho, para entrevistar um dos grandes técnicos da época, Francisco de Pádua Lima, o Tim, um dos maiores estrategistas da história do futebol, além de grande cozinheiro.

Nessa primeira grande viagem, eu iria de carro até Rio das Ostras, no litoral fluminense. Hoje, dá para fazer esse trajeto em mais ou menos duas horas e meia, mas, naquela época, levava-se cinco. E eu resolvi não ir. Com os 18 anos que eu tinha, achei que era melhor ficar na praia com a garota do que trabalhar.

Perdi o emprego, minha primeira demissão.

Na verdade, a demissão ocorreu por uma série de razões. Quando decidi voltar ao trabalho, na terça-feira, soube que ia ocorrer um corte de pessoal. Três pessoas seriam demitidas, e poderia ser qualquer funcionário do jornal. E eu, assustado por ter faltado e com a desculpa de um resfriado na ponta da língua, errei de novo: resolvi chegar bem na hora em que o Departamento Pessoal precisava resolver "os cortes". Já tinham demitido duas pessoas e o terceiro sujeito seria o João Lobão, companheiro de muitas noitadas. Ele nunca chegava na hora – nem no dia em que seria demitido, o que, ironicamente, acabou salvando seu emprego por uns tempos, e eu me dei mal no lugar dele...

No momento em que perdi o emprego, Aparício Pires, chefe da redação do jornal, me disse a frase que acabou fazendo de mim um jornalista e deu um fim a minha irresponsabilidade:

– Marcelo, você tem 18 anos. Você é muito jovem ainda e muito desatento. Por exemplo, troca o "g" pelo "q" o tempo todo! – disse, e ele estava certo, porque na época eu trocava mesmo, escrevia *gueijo*, *flamenqo*, não prestava atenção em nada. – Assim, é melhor você ser mecânico, porque jornalista jamais vai conseguir ser.

Aquilo me incomodou. Por que me incomodou? Porque sempre que me aparece uma barreira pela frente é mais uma razão para eu tentar ultrapassá-la. E assim eu fiz. Estudei mais, batalhei e consegui um trabalho na Rádio Globo. Fiquei lá por um ano, trabalhando como radioescuta. (É quando você fica pendurado no telefone ligando para bombeiro, emergência, delegacia, para saber se algo está acontecendo. Um martírio!)

Até que, em 1972, reencontrei um companheiro do *Jornal dos Sports*: o radiojornalista Otávio Name, um homem de grande capacidade, muito famoso na época.

– Quer ir para o jornal, garoto? – perguntou-me ele.

Ir para o jornal significava ir para *O Globo*. Ali começaria a minha vida profissional de verdade. Otávio era um grande amigo. Eu, apesar de garoto, tinha grandes amigos mais velhos, e Otávio era um deles.

No jornal *O Globo*, fiz algumas reportagens e, depois, fui convidado pela chefia para ser redator. Eu, um moleque de 21 anos, redator de *O Globo*! Fiquei feliz, claro, mas em determinado momento comecei a me sentir bastante incomodado com a situação. Senti que, se eu me acomodasse como redator naquela idade, poderia ficar nessa posição pelo resto da vida. Por isso voltei a ser repórter, e no futebol. E aí começou a dar tudo certo.

Em 1974, houve uma demissão em massa na redação de esportes de *O Globo*. A equipe inteira que tinha ido para a Copa na Alemanha foi demitida ao voltar (eu tinha ficado por aqui e não tinha nada a ver com aquele rolo). Isso acabou abrindo um espaço maior para que eu trabalhasse e, assim, aos 23 anos, me tornei um dos principais repórteres esportivos do jornal.

E a vida ainda me colocaria no caminho um professor – com quem, por sinal, eu já tivera problemas. Certo dia, ao chegar na redação, percebi que todo mundo me olhava de modo estranho, meio desconfiado. Tarde da noite, ao sair do jornal, fui com o pessoal a um bar que ficava ali do lado e eles me disseram:

– Nós queremos trazer o Aparício Pires para trabalhar aqui, mas não queríamos causar nenhum constrangimento a você.

Aparício Pires era aquele que me demitira do *Jornal dos Sports*, aquele que tinha me dito que eu não ia conseguir ser jornalista.

– Deixa eu perguntar uma coisa: ele está precisando trabalhar, não está?

– Está – disse um de meus colegas.

– Então, fazer o quê? Tragam o homem para cá. Eu já esqueci isso – disse, pois, na verdade, aquele foi um episódio fundamental na minha vida. Aquela demissão do *Jornal dos Sports* caiu para mim não como uma punição, mas como um alerta. – Tragam o homem para trabalhar e deixem de besteira. Quando é que ele vem?

– Vamos ligar e pedir para ele vir amanhã à tarde.

– Está bem, então eu nem venho aqui, para evitar dar de cara com ele – menti, pois é claro que eu estaria lá.

E chegou o dia seguinte. Às duas da tarde, hora combinada com ele, lá estava eu, de prontidão. Ele entrou, e ninguém sabia o que eu iria fazer. Quando me viu, constrangido, disse:

– Oi, Marcelo. Tudo bem?

– Ô, Aparício, deixa eu dizer uma coisa, você me demitiu e...

– Mas eu não...

– Calma, eu vou explicar por que é que eu estou falando isso. Primeiro, porque eu queria agradecê-lo pela minha demissão. Segundo, para você pagar aquela dívida que não tem, mas que, na sua consciência, acha que tem, terá de fazer o seguinte: todo dia que eu estiver sem trabalhar, vou vir para cá e você vai me ensinar como funciona um jornal.

E isso ele sabia ensinar muito bem.

E assim eu fiz. Todo dia ele me ensinava um pouquinho. Eu saía de casa, fazia minha reportagem e corria para o jornal. Eu escrevia o texto e ele corrigia. No fim, ele virou meu professor e me ensinou a base do jornalismo.

– – –

Fiquei em *O Globo* até 1978. Nesse ano, cobri a Copa do Mundo na Argentina e, quando voltei ao Brasil, fui convidado pela Editora Abril para fazer parte da equipe da revista *Placar*. Quem me fez o convite pessoalmente foi um jornalista chamado João Areosa, amigo fraterno e de texto brilhante. Eu o encontrei numa manhã no hotel Copacabana Palace, onde ele estava hospedado, e ele logo me disse a frase mágica:

– Eu vim ao Rio para contratá-lo para a *Placar*.

Fiquei encantado com a ideia. Na época, era para onde todo jornalista esportivo queria ir. Eu ganhava 19 mil cruzeiros na época, e eles estavam me oferecendo 42 mil! Então, eu, solteiro, sem nada que me prendesse ao Rio, só poderia dizer sim.

– Mas tem um problema – disse ele. – A revista está fechando.

– Como assim? Você está me chamando para sair de *O Globo*, onde sou rei, para ir a um enterro?

– Não. A gente está montando um time justamente para a revista não fechar.

– Está bem. À noite a gente toma uma e eu resolvo. Pode ter certeza – disse eu, pois sempre gostei de resolver as coisas assim, rápido.

E decidi. Acabei ficando na *Placar* por um bom tempo, desenvolvendo ainda mais meu trabalho como jornalista esportivo, que era a área de que eu mais gostava na época. Até que um amigo meu, Telmo Zanini, chefe de redação da TV Globo – e que hoje continua a brilhar no esporte –, me disse:

– Quer ir trabalhar na TV?

Minha experiência em TV nesse primeiro momento se resumia a participar de uma mesa-redonda num programa chamado *Bola na Mesa*, onde trabalhavam João Saldanha, Sandro Moreira, Márcio Guedes e Galvão Bueno. Topei o desafio. Saí da *Placar* e fui para a TV Globo. Era final de 1988. Fui ser editor do *Globo Esporte*.

Havia sido alertado por um amigo:

– Não aceite ser repórter. Aprenda primeiro a editar. Assim você percebe os erros dos repórteres, aprende a manha da edição e, quando for para a rua, saberá se virar melhor. Televisão é como escrever: você precisa pensar na imagem. A questão é que escrever pode levar um tempo, e na TV tem que pensar em fração de segundo. O jogo é duro.

Eu aceitei a sugestão dele e fui trabalhar como editor. Porém, no ano seguinte, a repórter Isabela Scalabrini saiu de licença maternidade. E então me disseram:

– Chegou a hora de virar repórter.

Ocupei a vaga da Isabela no *Globo Esporte*. Porém, como eu vinha de mídia impressa e não tinha muitos conhecimentos do mundo da televisão, tive que ir engrenando pouco a pouco. A verdade é que televisão é a coisa mais difícil que eu conheço, porque o futuro lá já é passado. Em uma reportagem para a mídia impressa estão você, seu entrevistado (que é seu centro de observação), um papel e uma caneta. Depois, você fica isolado em frente a um computador redigindo, e pronto. Já na televisão estão você, o operador, o cinegrafista, uma luz, um microfone na boca de um sujeito... É coisa demais para ser controlada ao mesmo tempo, além de intimidar!

Mas comecei a pegar o jeito. E acabei dando um certo toque pessoal ao modo como eu fazia as reportagens...

Tudo começou lá pelo final de 1989, quando fiz a reportagem de um jogo da Seleção Brasileira, no estádio do Morumbi, em São Paulo. Galvão Bueno era o narrador, Pelé e Chico Anísio eram os comentaristas e eu era o repórter de campo.

Eu sabia que a TV Globo fazia uma estatística de todos os jogos, usando todos os tipos de números – quantas bolas foram chutadas a gol, quantas foram para fora e tudo o mais. Agora é uma coisa institucionalizada, mas na época ninguém usava muito. Então vi aquele monte de números no papel e pensei: "É com isso aqui que eu vou me firmar na transmissão, que farei algo diferente". Porque quando o Galvão estivesse lá, narrando "blá-blá-blá, Zico, Sócrates, chutou, para fora!" e chamasse meu nome, não ia dar certo eu dizer: "Pois é, chutou, passou perto". O cara em casa já estava vendo aquilo, eu não precisava repetir.

Então, qual foi minha solução? Eu lia todas aquelas estatísticas antes do jogo, fazia um mapeamento e o Galvão, sempre muito querido e prontinho para me dar uma força, narrava:

– Zico passa para o Sócrates, e ele chuta para fora! Marcelo, que coisa, o Sócrates chutou para fora de novo.

– É, Galvão, de novo, porque no treino ele chutou 42 vezes e 30 foram para fora.

O cara em casa pensava: "Puxa, esse cara sabe para caramba". E eu usava aquilo como um artifício de sobrevivência. Deu certo.

Mas minha carreira também passou por outra mudança depois desse jogo. Antes de fazer essa reportagem, eu tinha recebido a seguinte ordem de um chefe: "Quando o jogo acabar, pode ir embora, não precisa fazer mais nada". Então, dali nós iríamos para a casa do Pelé, que iria receber algumas pessoas e também a equipe da Globo.

No entanto, quando perceberam no estádio que haviam se esquecido de escalar um repórter para fazer a matéria do vestiário do Brasil, outro chefe me abordou ainda no gramado:

– Vai lá e faz você mesmo.

– Mas eu recebi uma ordem no Rio de fazer só o jogo. E é isso que vou fazer.

O cara que havia me dado a ordem para não fazer mais nada não segurou a onda, e ainda disse no dia seguinte: "Não teve reportagem no vestiário porque o Marcelo não fez".

Ora, não teve reportagem por eu ter recebido uma ordem! Diante disso, resolvi me demitir da TV Globo. Fui à Central de Jornalismo e disse:

– Não dá para eu ficar aqui! Me deram uma ordem, e agora está uma confusão lascada e...

– Não. Fica quieto aí. Eu resolvo – disse a Alice Maria, então diretora executiva da Central Globo de Jornalismo, e apaziguou a situação.

Mas a ferida não se cicatrizaria. E resolvi ir embora de vez da TV Globo. Só que Alice e o chefe dela, o jornalista Armando Nogueira, uma das pessoas mais carinhosas, gentis e brilhantes que conheci na vida, decidiram:

– Daqui você não sai. Quer fazer o quê?

– – –

Fui para a Editoria Rio, parte da TV Globo, fazer matérias para os jornais locais e para o *Jornal Nacional*. Um belo dia, pouco tempo depois de eu ter começado lá, soube que um milionário da Barra da Tijuca fora assassinado. O homem chamava-se José Carlos Nogueira Diniz Filho e era companheiro de uma linda moça chamada Jaqueline Carr, que, segundo o inquérito que viria a ser feito, tinha um envolvimento amoroso com Paulo Sérgio Mollo da Fonseca, um cara todo metido com policiais militares. Numa noite, José Carlos voltava de um jantar com Jaqueline e foi assassinado. Dezenas de tiros que só pegaram nele – ela saiu ilesa.

Recebi, então, uma ordem para entrar na reportagem e fazer a investigação. Lá pelo meio da história, a Alice me chamou:

– Marcelo, quando acabar esse caso, você vai parar uns meses e montar uma rede de informantes. Eu e Armando queremos você nas reportagens investigativas. É isso que você vai fazer aqui.

E pelo jeito seria isso que iria fazer pelo resto da vida.

Continuei no caso e depois parei um pouco, já que, nessa mesma época, morreram meus pais. Quando voltei, montei um esquema das minhas reportagens.

Naquele período no Rio de Janeiro, começou a acontecer uma série de sequestros, e um delegado me levou para conhecer a situação no Morro da Mineira, um dos mais violentos da cidade. O tráfico de drogas começava a impor o terror. Quem mandava lá era o Nai, apelido de Altair Domingos Ramos, um dos grandes traficantes da época, que pouco tempo depois viria a ser preso.

O Morro da Mineira fica em cima do Cemitério do Catumbi, próximo à Praça da Apoteose, no sambódromo do Rio. A cerca de dois quilômetros dali fica um batalhão da Polícia Militar, e foi de uma ladeira ali perto que eu passei a filmar o movimento com uma lente especial.

Eu tenho até hoje essa reportagem: dá para ver os traficantes, pessoas com crianças no colo e caras com metralhadoras, inclusive uma meninada carregando fuzis. Começamos a filmar toda a movimentação e, já no primeiro dia, pegamos um bom material.

No segundo dia, eu comecei a perceber que um Chevette, que já tinha passado mais de uma vez no morro, também passava lá embaixo, na avenida, várias vezes.

– Eu acho que está na hora de a gente cair fora daqui, porque esses caras devem ser olheiros de lá – disse eu para a equipe.

Dito e feito. Então, a gente se mandou, mas já com aquela filmagem preciosa.

Foi a primeira denúncia de armas apresentada no *Jornal Nacional*. Falava-se muito que o morro estava dominado, a polícia já tinha apreendido várias armas no local, mas nada havia sido filmado ainda – até então!

No dia seguinte, o delegado me ligou:

– Marcelo, a gente vai entrar lá para tomar as armas.

– É uma operação? Estou dentro, vou nessa.

Quando cheguei à delegacia, soube que era uma operação sigilosa. No meu grupo só iríamos eu, meu compadre José de Arimatéa, um dos grandes cinegrafistas da história da televisão brasileira, e o operador técnico Carlos Pinto, que depois tomaria um tiro de AR-15 no joelho em outra investida contra o crime.

– Eu vou mandar essas duas detetives também, que são novatas. Como você é um cara calmo, elas vão com você – disse o delegado.

– Comigo? Você tem os policiais que estão armados e elas vão logo comigo?

– É porque você tem calma na hora do sufoco, Marcelo.

– Está bem, mas então me dá o Vitor para ir junto.

O Vitor era um policial experiente, ótimo atirador. Cabeça branca, um rosto quadrado e impenetrável, e de falar pouco – seu silêncio era na proporção exata da sua atenção num campo que eu chamaria "de batalha". Ele poderia ser de grande ajuda no caso de algo dar errado. E quase deu.

Olhei para as duas novatas. Calças jeans bem justinhas, uma com uma escopeta calibre 12, normal, e a outra com uma 12 também, só que com cano serrado – o que aumenta o raio de ação do tiro. Em poucas palavras: faz um estrago ainda maior.

No topo do Morro da Mineira, bem próximo ao centro do Rio de Janeiro, ficam as redes elétricas. Ali é uma zona neutra de tiroteio, já que o Morro de São Carlos, que fica logo ao lado, era dominado, na época, por um outro traficante chamado Balbino. E foi por ali que uma parte dos policiais entrou no morro. Como? Antes da operação, foi feito um acerto com o Balbino, do tipo "a gente não incomoda você hoje, mas você deixa a gente atacar o Nai". E ele topou. Os policiais mandaram o recado, o Balbino tirou os homens dele, e uma parte da polícia entrou por cima. Nós fomos por baixo, pelo campo de futebol que fica perto da uma avenida, atrás de um cemitério – o Cemitério do Catumbi.

O campo estava cheio de garotos soltando pipas, outros jogando bola, apesar do tempo meio nublado, anunciando uma chuva que não viria. Entramos por uma rua esburacada, lixo por todos os lados. Crianças espalhadas, mães com bebês no colo, botequins com os mesmos bêbados da véspera. Era um comboio de uns dez carros da polícia, além do nosso. O relógio marcava 10 e pouco da manhã.

Quando a gente foi chegando, o campo esvaziou do nada, as pipas se encolheram, mães correram arrastando crianças e com os bebês sacolejando nos braços. Os bêbados ficaram caretas e o tempo fechou: um tiroteio só – *trrrr, trrrrr, pam, pam, pam* –, e aí é preciso correr como se fosse guerra. O melhor é sempre entrar nas vielas, que é onde se fica mais protegido. Aparentemente.

Chegamos a um ponto onde havia uns 25 policiais, e então dispersamos. O Vitor decidiu ir por uma viela. Então fomos com ele: eu, Arimatéa, Pinto e as duas detetives novatas.

Mas os tiros não paravam, batiam em tudo; estava uma confusão absurda e ninguém sabia se ia sair vivo ou morto. De repente, olhei para trás e vi as duas meninas tremendo de medo e, o pior, com duas escopetas nas mãos.

Eu disse:

– Porra, se o gato cair da laje ou a dona Maria derrubar uma panela, vocês vão explodir minhas costas! Vocês estão brancas. Primeiro, para começar, saiam de trás de mim; segundo, o delegado pôs vocês numa fria, fez vocês estrearem no Morro da Mineira. Daqui sempre sai gente morta, sempre tem defunto. Então, é melhor vocês ficarem aqui, porque vamos subir até lá – e apontei as torres elétricas – e vocês não vão aguentar o tranco.

Elas finalmente perceberam que o bicho era feio – e estava zangado. Tiros para todos os lados, assustador. As meninas ficaram e nós continuamos a subir. Ou melhor, fomos obrigados a frear o ímpeto, porque de repente, numa viela de casas de alvenaria, um tiro de AR-15 vazou uma parede. E outro tiro veio na mesma direção. E depois um monte – parecia morteiro em festa de São João. Os traficantes tinham nos visto. Aqueles tiros de AR-15 varavam os tijolos – *zum, zum* – e, quando batiam na pedra, saía fogo. E a gente naquele *pem, pem, pem*!

Eu olhei para tudo aquilo e pensei comigo: "Hoje eu não saio vivo. O que é que eu vou fazer?". Estávamos cercados.

Nesse momento, eu antecipei o passo para olhar por onde fugir. Então – a imagem é ótima, está gravada, foi ao ar no *Globo Repórter* – percebi que vinha descendo pela viela um negro grandão de bermuda branca e camiseta, com um revólver na mão, e logo atrás dele um cara branco com outro revólver na mão – que eu vim a saber, minutos depois, ser uma pistola 45 do Exército.

E eles vinham descendo. Puxei a equipe e o Vitor para o lado, e disse:

– Não vamos entrar nessa viela, não. A gente vai dar de cara com eles.

Ficamos na campana, olhando de cantinho.

O negro que vinha descendo saiu para um lado e passou por uma vala, tipo um córrego que corre lá de cima do morro, para se meter numa manilha e sair do outro lado.

Já o branco acreditou na sorte – o que poderia ser nosso azar – e continuou descendo: ele provavelmente achou que, quando chegasse à parte baixa do morro, liberaria o revólver na casa de alguém e sairia balançando o braço. Ninguém iria saber se ele era traficante ou não. No meio de 500 pessoas, quem ia saber quem é quem? E ele veio descendo, enquanto eu pensava: "Agora não tem mais solução, vai dar de cara com a gente".

Quando ele estava a uma distância de mais ou menos cinco ou seis metros, o Vitor saiu e disse:

– Perdeu, perdeu! Joga a arma!

Eu pensei: "Ele não vai parar!".

Bem que eu disse, o Vitor não é de conversar muito. Saiu e... *pá, pá, pá*! O filho da puta ia matar o policial, mas o Vitor foi mais rápido. Um dos tiros pegou exatamente no meio da testa do cara. Era massa encefálica para todo lado.

Agora tínhamos outra encrenca: além dos que ainda estavam lá em cima, atirando sem parar na gente, estávamos diante um cara estrebuchando.

De repente, as coisas acalmaram. Alguns policiais tinham tomado a parte de cima do morro. Os tiros cessaram. A única coisa que podia ocorrer, ainda, era cruzar com alguém numa viela daquelas e um cara vir e *pá*, sapecar a gente.

Eu disse:

– Vitor, vamos largar esse cara aí, pois ele vai morrer mesmo, está só estrebuchando.

– Não posso.

– Como é que você não pode?

– Se eu largar ele aí, vou para a Corregedoria. Perco o emprego. Eu tenho que dar assistência.

É o Brasil: o bandido tem licença para matar. E o policial, que nos salva a vida, tem que continuar ali se arriscando, pois pode ser processado por omissão de socorro. É o Brasil, bom repetir.

– Bom, se você vai ficar eu também vou, não vou largar você aqui.

E o cara estrebuchando. O miolo estava para fora da cabeça do cara, mas ele não morria.

Dali a pouco vimos o helicóptero da polícia. E, por tudo quanto era lado, vinha subindo um esquadrão de policiais, que nos encontrou no beco.

– Pô, mas em que merda vocês se meteram? – disse um policial.

Como sempre, os locais disseram que o traficante que morreu era feirante. Podia até ser de origem, mas, naquele momento, ele já tinha outra atividade. Ele foi para o Hospital Municipal Souza Aguiar e demorou dois dias para morrer. Se é um de nós, morre na hora.

No fim, aquilo tudo acabou virando uma matéria grande no *Jornal Nacional* e também um programa inteiro do *Globo Repórter*.

Eu tinha imagens dos dois caras descendo desde o ponto máximo da viela. No *Globo Repórter*, aparecia a cena dos dois descendo, e de repente um tomou o caminho de uma manilha – e por ali escapou – e o outro desceu, enquanto eu dizia: "Olhe bem para esse homem, ele vai morrer". Foi colocado um relógio no canto da tela e eu dizia: "Ele vai morrer daqui a 30 segundos". Conforme ele ia descendo, eu ia contando a história. Depois a câmera mostrava que ele desceu mais um pouco e eu dizia: "Esse homem vai morrer daqui a dez segundos". O programa foi sendo editado como se fosse um filme.

Essa matéria me levou a ser transferido, logo depois, da Editoria Rio para o Núcleo de Reportagens Especiais da TV Globo, e foi aí que comecei a me dedicar de verdade ao jornalismo investigativo.

Cheguei a ser convidado para voltar ao esporte, fora da TV Globo. Era um bom dinheiro. Mas essa é outra história.

\- 2 -

Do Rock in Rio à prisão perpétua

"Quando eu chegar ao Brasil, vão me matar. Eu sei demais."

Depois da reportagem no Morro da Mineira, comecei a entrar mais nesse submundo do crime. E meu próximo caso me levaria a descobrir como é dura a vida na cadeia. A penitenciária central de Assunção, capital do Paraguai, em breve, muito breve, teria um preso chamado Marcelo Rezende.

Junho de 1990. Uma onda de sequestros tomaria conta das manchetes dos jornais do Rio de Janeiro. Era um tipo de crime ainda novo para os policiais cariocas – São Paulo já vivera o suplício de uns dois ou três sequestros grandes; o mais notório, o do empresário Abilio Diniz, então dono de uma das maiores redes de supermercados do país. Agora chegava a vez dos cariocas. O empresário Roberto Medina, dono da agência de publicidade Artplan e criador do festival Rock in Rio, acabara de ser sequestrado. E eu ouvi a seguinte ordem da direção da TV Globo (mais especificamente do Paulo Sergio Barbosa, chefe da editoria Rio):

– Marcelo, entra no caso. O André [André Luiz Azevedo, um dos mais completos repórteres da TV brasileira] vai cobrir o dia a dia. Você corre por fora.

Minha missão era descobrir a quadrilha que sequestrara o empresário. Tentar chegar ao cativeiro, tarefa que me parecia impossível. Enfim, ter a notícia, quem sabe, antes mesmo da polícia. Levado para um cativeiro na zona oeste do Rio de Janeiro, o sequestro de Roberto Medina foi resolvido num tempo relativamente curto: cerca de 15 dias depois, ele foi solto, mediante o pagamento de um resgate milionário.

O jornal *O Dia*, então o mais popular do Rio, deu a notícia da libertação de Medina em primeira mão. Na hora de ser solto, o empresário ainda foi vítima de uma ironia do chefe da quadrilha: ganhou um pássaro preso numa gaiola, ele que ficara quase duas semanas amarrado num cubículo e quase sempre vendado. "Roberto Medina solto", li em *O Dia*, certo de que eu, escalado para "correr por fora", tinha acabado de perder a batalha da notícia. Mas imediatamente me lembrei de uma frase: "Quem voa também pode cair". O jogo ainda não tinha terminado.

Um dos sequestradores, chamado Maurinho Branco, acabou morto numa cilada algumas semanas mais tarde, no centro do Rio. Um advogado, por sinal, vivo até hoje, que aplicava para Maurinho a parte que lhe coubera do resgate, decidiu ficar com a grana sozinho. E o entregou para a polícia: o corpo de Maurinho ficou crivado de balas.

Maurinho, um rapaz de classe média que decidira mudar de lado, era o cara de frente do sequestro, mas faltavam alguns "buracos" a ser preenchidos. Muito mais gente participara do crime. Tinha um sujeito, um professor de educação física chamado Nazareno, ex-preparador do time de futebol do Fluminense e do general João Figueiredo, na época em que ele era presidente da República, também estava metido na história – e, como Maurinho, também viria a ser morto. Medina contou à polícia que havia entre os criminosos um apelidado de Professor, e logo apareceu o nome de Nazareno. Mas essa dedução estava errada. E eu não demoraria a descobrir.

Naquela noite chovia muito. Eu e minha namorada, Simone, decidimos ficar no apartamento em que eu morava com vista para o Morro da Mangueira e para o estádio do Maracanã, zona norte carioca. Eu gostava de ir ao futebol e também de ouvir samba no "buraco quente" do morro, um pouco acima da quadra da escola. Era um tempo em que a droga já era vendida nas favelas, exatamente como hoje, mas sem o terror de agora. Quantas vezes vi Cartola e a esposa dele, D. Zica, ou quantas vezes comi na casa de D. Neuma, todos símbolos da Mangueira e de um samba que não volta mais.

Por volta das 2 da manhã, eu, Simone e nossos prazeres já estávamos adormecidos, quando o telefone tocou: era a Lys Beltrão, a produtora que trabalhava comigo – ou melhor, eu trabalhava com ela, porque para aquela garota não havia dia de folga, feriado, fim de semana. A máquina de fazer notícia funcionava dia e noite.

– Marcelo, o doutor Elson Campello quer falar com você.

Elson Campello, um dos melhores delegados de polícia do Brasil. Tínhamos uma relação próxima – era um homem brincalhão – e, na brincadeira, ele ia prendendo os mais perigosos bandidos cariocas.

– A esta hora? – respondi.

– Marcelo, achei os sequestradores do Medina – disse, apressadamente, o Campello.

– Não dá para prender amanhã?

– Estão todos no Paraguai. São três.

– Eles estão no Paraguai e eu estou aqui.

– Vamos para lá?

– Campello, são 2 horas da manhã. Eu estou dormindo. Vou para o Paraguai como?

– Vamos alugar um avião.

– Campello, como é que a gente vai alugar um avião?

– Vem para cá e a gente combina.

Então eu liguei para a direção da Globo, mais especificamente para o meu chefe: Carlos Amorim, com quem ainda viria a trabalhar no *Fantástico*. Meu querido amigo até hoje.

– Amorim, você está sabendo da história?

– O Campello acabou de me ligar também – respondeu ele.

– Você sabe que, nessa confusão, a gente vai acabar preso no Paraguai, né?

– Você vai?

– Se a direção da Globo autorizar, eu vou. Depois vocês me tiram da cadeia, o que é que eu vou fazer?

E desliguei.

Cinco minutos depois, o Amorim me ligou, dizendo que o Alberico de Sousa Cruz, então diretor da Central Globo de Jornalismo e de quem sou amigo e grato por toda a minha vida, tinha concordado com a "aventura". A equipe técnica já estava sendo preparada.

Combinamos de nos encontrar no aeroporto por volta das 6 da manhã, os policiais e nós, da equipe. Fomos eu, o cinegrafista Lúcio Rodrigues, que trabalha na Globo até hoje, e o operador técnico Luiz Brandão, que não passaria despercebido em lugar nenhum: o baixinho pesava 110 quilos.

Na época, a Xuxa estava estourando no Brasil e começava a ganhar toda a América do Sul. Era uma avalanche. Ela parava os países. Pensando nisso, eu havia falado antes com o cinegrafista e pedido o seguinte:

– Pega no arquivo algumas cópias do programa da Xuxa.

– Para quê? – perguntou ele.

– Só pega e leva com você. Vai por mim.

Por que passou isso pela minha cabeça? O programa da Xuxa estava sendo exportado para a América do Sul, mas ainda não entrava com a mesma fluência que aconteceria pouco depois. Naquele momento, pensei: "bem, se eu tiver que fugir, isso pode ser uma boa moeda de troca".

No aeroporto internacional do Rio, cruzamos com um jornalista. Meu Pai Eterno!

– O que vocês estão fazendo por aqui de madrugada? Você e o Campello juntos? – perguntou ele.

– Encontrei o Campello por acaso. E fiz a mesma pergunta. Ele parece meio confuso, sei lá, não quis me dizer nada – justifiquei, tentando não levantar suspeitas.

– Ah, é? E para onde você está indo? – insistiu ele.

– Estou indo para Salvador, fazer uma matéria lá – menti.

O jornalista se deu por satisfeito, eu acreditava. E acreditei errado. Campello e eu nos livramos do jornalista, fomos para o balcão da Líder Táxi Aéreo e alugamos um avião (com cheque sem fundo do Campello, diga-se de passagem). Na época, aquilo tudo custou dois milhões de sei lá o quê, não lembro se de cruzados novos ou cruzeiros. Como o cheque era de um delegado de polícia, o cara do balcão topou. Hora de partir. Hora de conhecer os sequestradores e a cadeia.

Entramos no avião: eu, a equipe, cinco policiais, o piloto e o copiloto, que não sabiam nem o que iriam fazer nem com quem estavam lidando. Campello decidiu ficar no Brasil, e com razão: se algo de ruim acontecesse, ele estaria pronto para nos "ajudar".

O copiloto olhou para minha cara e me reconheceu. Como desculpa, eu disse que estava indo fazer uma matéria de turismo, mas minha cabeça começou a pensar no jornalista que tinha encontrado no aeroporto: "Esse sacana é capaz de abrir a boca e estragar tudo...".

Eu havia comprado uma garrafa de uísque Chivas Regal no *free shop* e a escondi debaixo do banco. Pensei comigo: "Na volta vou tomar um bom uísque, porque isso vai dar trabalho".

Nossa ideia era chegar ao Paraguai, fazer o serviço, meter os três sequestradores no avião e voltar, sem ninguém ver.

E lá fomos nós. Chegamos ao aeroporto de Assunção e saltamos normalmente. Passamos pela imigração e continuamos no aeroporto. Eram cerca de 11 horas da manhã. Já estávamos no aeroporto há mais ou menos uma hora e meia quando um sujeito à paisana chegou e me disse:

– Eu preciso que o senhor me acompanhe.

Olhei para o paraguaio e perguntei:

– Eu posso saber por quê?

– Não. O chefe da segurança do aeroporto quer falar com o senhor. Eu sou da Guarda Nacional – respondeu ele.

– Perfeitamente – concordei.

Imediatamente me lembrei do jornalista que viu minha equipe com o Campello: "A notícia vazou", pensou.

Acompanhei o cara até uma sala do aeroporto. Lá me esperava um sujeito (depois eu viria a saber que era um major) muito bem trajado e com um sapato de verniz que parecia um espelho do palácio de Versalhes. Olhei para os sapatos e, enquanto eu pensava que aquele era um modo bem paraguaio de ser, ele me perguntou:

– O que é que o senhor está fazendo aqui? Você é jornalista, não é?

– Sou, sim, senhor. Eu passei pela imigração com meu passaporte e me identifiquei – respondi.

– E o senhor veio fazer o que no Paraguai?

Quando ele me fez a primeira pergunta, entendi que ele já sabia de tudo e que nem precisava fazer a segunda pergunta.

– Eu vim fazer uma matéria de turismo – respondi.

– Ah, é? E por que o senhor não sai do aeroporto?

– Porque eu tenho que esperar minha equipe.

– Mas o senhor está com cinegrafista, câmera...

– O problema é que eu tenho uma equipe de produção grande, e, como não sei para onde vou, eles vêm me buscar – justifiquei.

– Está bem, o senhor está dispensado.

Para operacionalizar a ação, além dos policiais que chegaram comigo no avião, uma equipe de oito policiais estava vindo por terra. Assim, depois, e se necessário fosse, nós seguiríamos por terra, e o avião poderia ser usado para despistar.

Ao sair da sala, encontrei Nélio Machado, chefe da equipe de policiais, um baixinho de olhos puxados, óculos de lentes grossas, meio gordinho, que é uma verdadeira águia: ele vê o crime onde olhos bem treinados muitas vezes não enxergam. Eu disse:

– Nélio, nossa casa já caiu.

– Mas como você é desconfiado! – comentou ele.

– Nélio, o paraguaio me chamou e perguntou o que é que eu estou fazendo aqui. Quando essa pergunta sai da boca de um policial, é óbvio que ele já tem a resposta. Ele só queria ver o grau da mentira.

– Isso é bobagem.

– Nélio, aquele jornalista que cruzou com a gente lá no aeroporto, no Brasil, a essa altura já abriu a boca, ele não é trouxa.

– Bobagem, você é muito desconfiado.

Aquela espera no aeroporto estava acontecendo, na verdade, por causa de uma informação que o Nélio obteve de um informante. Um certo advogado português estava preparando passaportes falsos para sequestradores fugirem para a Europa. Nélio passou a acompanhar o tal advogado – fisicamente e no grampo telefônico. Dias depois do sequestro do Medina, ouviu o tal advogado falar ao telefone:

– Os passaportes estão prontos. Nós vamos entregar em Assunção, no Paraguai, para depois eles partirem para a Espanha.

Era isso. Os caras tinham ido para o Paraguai, fronteira fácil de cruzar, e de lá, com os passaportes falsos, iam se divertir na Europa gastando o dinheiro do crime. Preso e pressionado, no bom sentido, claro, o advogado deu o serviço. E revelou: os três de Assunção eram os sequestradores do empresário Roberto Medina, que simplesmente tinham desaparecido.

Mas como a polícia prenderia os caras lá em Assunção sem avisar ao governo paraguaio? E, se fôssemos descobertos, estaria criado um incidente internacional... Hora de assumir o risco.

A única maneira de trazer os sequestradores de volta, sem eles reagirem, era prender, ameaçar ou cercar parentes deles aqui no Brasil. Seria uma troca: "Vocês vão na boa e nada acontece com mães, filhos ou sei lá mais quem no Brasil". Seria mentira dizer que sei exatamente o que aconteceu, mas tenho quase certeza de que, no Rio, a polícia prendeu até o papagaio da família dos caras e sumiu com todo mundo, porque não poderia acontecer nenhuma reação lá em Assunção. Precisava ser uma operação limpa – e de limpa não teve nada.

E por que ficamos no aeroporto de Assunção tanto tempo? É que de lá, naquela tarde, dois dos sequestradores seriam os primeiros a embarcar para a Espanha, porque eles já tinham recebido os passaportes no Paraguai. Um se chamava Aloísio Galvão, um guarda penitenciário que se meteu no crime. Sujeito de pele bronzeada, magro, de 1,85 metro, 28 anos, cabelo preto cortado rente. Usava óculos escuros e andava meio balançando, jeito e ginga de "vagabundo". O outro chamava-se Nilo Cunha da Silva, que tinha o apelido de Professor (*arrá* – este era o verdadeiro "Professor" do caso Medina, que até então todo mundo pensava ser o professor de educação física, o Nazareno). Ele era a cara do ator e diretor de cinema Clint Eastwood quando jovem: alto, cabelo cheio castanho-claro, queixo quadrado, nariz bem-feito. Um artista – de rosto e de crime. Se fosse fazer cinema, ficaria rico, diria eu para ele pouco depois, mas resolveu ser sequestrador. Faltava um passaporte a ser entregue, faltava um sequestrador – mas isso ainda demoraria algumas horas.

Eu e o cinegrafista estávamos sentados lá no fundo do aeroporto, fingindo que estávamos lendo jornal – o meu servia para esconder o rosto conhecido, o de Lúcio para esconder a câmera –, quando vi os dois. Eu os conhecia de fotos, que apareciam quase todos os dias no *Jornal Nacional*. Nilo e Aloísio vinham conversando tranquilamente – carregavam duas bolsas de mão. Assim, pensavam, não teriam embaraço na alfândega espanhola, e seria um problema a menos. Armas? Duvido. Queriam parecer apenas turistas passeando pelo mundo. Mas mal sabiam que estavam prestes a ser presos.

Descontraídos, passaram pelos policiais brasileiros sem desconfiarem de nada. E os policiais, que estavam conversando, nem notaram.

Pensei comigo: "vou acompanhar e filmar esses caras entrando no avião. Mostro de cima, fica perfeito! Vai ser o '*bye-bye* paraguaio'" – lembrei-me na hora de *Bye Bye Brasil*, filme do Cacá Diegues. "Entregar os caras não vou; afinal, meu negócio é outro." E fui filmando, acompanhando os caras de longe.

De repente, um policial percebeu e deu um toque para os outros, que cercaram os dois. E aí, óbvio, rolou aquela coisa de "seu papagaio está preso, seu cachorro está preso, seus dois filhos estão presos, está todo mundo preso; não tem que ter resistência, a casa caiu". E, assim, os caras se entregaram na boa.

Nós saímos com eles num táxi (depois eu soube que o motorista do táxi era policial do serviço reservado coordenado pelo major que me interrogou pouco antes e que me prenderia horas depois). Demos uma volta com eles pela cidade, o que fazia parte do meu acordo com o delegado Campello: um tempo para eu fazer uma entrevista ainda em terras paraguaias. Eles toparam falar e eu estava lá, gravando a prisão de sequestradores em Assunção. Era tudo o que um jornalista poderia querer. Só que uma coisa não saía da minha cabeça: a polícia do Paraguai.

Na conversa com Nilo, descobri que eles faziam parte da quadrilha conhecida como "Turma do Melhoral" – é que eles foram criados e se reuniam numa rua da Pavuna, bairro do subúrbio carioca, exatamente onde estava instalada a fábrica do remédio Melhoral.

– Você, Marcelo, nos quebrou – dizia Nilo. – Você estava chegando perto demais. Aí pensei em fugir pelo Paraguai. Quem foi que nos entregou?

Não era uma boa conversa.

– Rapaz, você, com essa cara de artista de cinema, por que foi parar no crime?

Nilo não respondeu. Deu um sorriso irônico, que eu veria outra vez naquele mesmo dia.

– Você não é jornalista? Eu sou ladrão. Não tem um porquê: eu gosto do que faço.

– E por que o Medina?

– Tá na moda, tem dinheiro e, nos meses que o acompanhamos, vimos que era fácil.

– Como "acompanhamos"?

– Você acha que a gente tem bola de cristal? A polícia não investiga para prender? Você não investiga para dizer quem é o ladrão? Nós investigamos para sequestrar. Cada um na sua função.

Ladrão, é bom dizer, é um tratamento que eles dão aos criminosos considerados profissionais.

Por volta das 13h30, os policiais levaram os dois para o avião, onde foram algemados. Nós, então, fomos em busca do terceiro homem: Alberto Salustiano Borges, mais conhecido como Chocolate, um negro de 1,90 metro, forte igual a um guindaste, que, segundo a descrição do advogado português preso, estaria num hotel chamado Alboredo, que ficava a duas ou três quadras da rodoviária.

E nada de achar o Hotel Alboredo.

Quando sentamos num quiosque para tomar um café, já era fim de tarde. E a frustração nos dominava, mas não por muito tempo. Olhei uma planície linda, o sol caindo lá no fundo de um descampado, e me deu um estalo: é óbvio que não é Alboredo. Se o sol cai aqui, nasce ali, outro descampado, logo é alvorada. O diabo do português nos deu o nome errado, só de sacanagem. O nome certo do hotel é Alborada, porque o sol nasce ali. Fui até o dono do quiosque de rua e perguntei em espanhol, idioma que sei falar bem:

– *Señor, donde queda el hotel Alborada*?

– Aqui atrás. Duas ruas para trás – o senhor respondeu em português arrastado.

Descobri que meu espanhol não era tão bom assim.

Cheguei ao Nélio, o chefe do grupo policial:

– Achamos.

– Achamos como?

– Não é Alboredo, é Alborada. O hotel é aqui atrás, vamos lá.

Ao chegarmos ao hotel, o Nélio foi até a recepção:

– Olha, eu vim entregar um documento ao sr. Salustiano Borges a mando do advogado Contreras.

Minutos depois aparecia o homem que eu conhecia de foto: o negro Alberto Salustiano Borges. Olhei para ele. Era daqueles que, para olhar do pé à cabeça, você começava a olhar na segunda e terminava na quarta-feira. Fiquei me perguntando: "como é que a gente vai segurar um sujeito desse tamanho naquele aviãozinho? Se ele tiver um tremelique, adeus". Chocolate escutou a mesma história de papagaio, cachorro, filho, mulher, mãe, tudo preso.

Eu já fui logo chegando com a câmera. Chocolate olhou para minha cara – não era um olhar assustado, era um olhar vazio, sem emoção, para o bem ou para o mal, como se fosse um eletrocardiograma de defunto:

– Marcelo, você acabou com a minha vida. Você bota minha foto no *Jornal Nacional* todo dia, olha onde eu vim parar.

Subimos até o quarto apertado. Sobre a mesinha, uma lâmpada de infravermelho: "Está esquentando a cocaína, para não virar melado", pensei. Nada disso: Chocolate tinha vitiligo, aquelas manchas brancas na pele, e o calor da lâmpada aliviava a coceira, o mal-estar.

Tudo que tinha – três camisas, uma calça, duas cuecas e um par de tênis, o que ele usava nessas duas semanas escondidos ali – foi recolhido. A lâmpada foi deixada para trás. A conta do hotel, paga. Agora era ir para o aeroporto e voltar para o Brasil com os três sequestradores de Roberto Medina.

No caminho ele puxou assunto:

– Marcelo, eu sei tudo de sequestro, quem é quem no mundo do crime, mas se eu abrir minha boca eu morro. Eu vou te dar uma entrevista. Eu já estou mesmo quebrado... Só que eu vou te falar apenas o óbvio, não posso entrar numa de "pega pra capar". E, mesmo assim, pode ter certeza que eu vou morrer.

– Chocolate, você não vai morrer coisa nenhuma, rapaz. Você vai é para Bangu I. Como é que vão te matar? Bangu I é uma cápsula, ninguém entra. As facções estão separadas – eu falava.

– Eu vou morrer, pode ter certeza – repetia ele.

– Esquece isso – comentei.

Mas ele estava certo.

Fiz a entrevista e tomamos a avenida que levava ao nosso avião.

– Nélio, vai lá e dá uma olhadinha no aeroporto – eu disse.

– Lá vem você com essa desconfiança, você está sempre desconfiado.

– Nélio, o seguro morreu de velho, ninguém inventou esse ditado à toa. Quem inventa ditado é gente mais velha, que tem sabedoria.

Eu gosto muito de ditados, e os uso para quase tudo na minha vida. Sempre que vejo uma situação na qual um ditado se encaixa, uso para meter o pé no freio. No fim, ele se convenceu e foi. Nós ficamos esperando com o mais recente preso. Os outros dois já estavam no avião.

Quando o Nélio voltou, disse:

– Está limpeza.

– Como é que é limpeza? – perguntei.

– Está calmo! Algumas pessoas trabalhando – respondeu o Nélio.

– E no aeroporto, tem movimento?

– Não, Marcelo. O último voo já saiu.

Isso era por volta de 20h30.

– E não tem ninguém? – perguntei.

– Não. O último voo saiu às 19 horas – respondeu ele.

– O que é que estão fazendo no aeroporto?

– Estão limpando. Tem um monte de gente limpando o aeroporto.

– Homem ou mulher?

– Sei lá.

– Nélio, estamos fodidos, vamos dormir na cadeia. Vamos por terra.

– Que por terra nada, Marcelo! Vamos de avião.

– Nélio, vamos cair fora daqui... Vamos por terra. Tira aqueles dois pregos de lá.

– Está bem, a gente tira, mas, se a polícia estiver nos seguindo, vai nos pegar numa estrada escura e matar todo mundo.

– Tem razão.

A verdade é que dali a pouco, em menos de uma hora, nós seríamos presos.

Fomos para o avião. Agora éramos eu com minha equipe, os três presos, o Nélio e mais dois ou três policiais. Passamos por um guarda de imigração, que olhou nossos passaportes. Normal. Já não havia ninguém na limpeza – apenas dois caras conversavam, um deles apoiado numa vassoura. Normal. Entrei no avião e vi Nilo Cunha da Silva e Aloísio Galvão, agora algemados – e os dois viram Chocolate.

– Fala, irmão. Caiu também?

Como a pergunta era inútil, a resposta não veio.

Peguei minha garrafa de uísque, que estava escondida debaixo do banco:

– Agora vou tomar um uísque, porque eu mereço.

Ao meu lado estava sentado o cinegrafista e, à minha frente, estavam o Professor e o Aloísio Galvão.

– Dá para eu tomar um gole desse uísque aí? – perguntou Nilo.

– Claro, campeão. Você vai passar uma porrada de tempo mesmo naquela geladeira.

Como eles estavam algemados, dei o uísque na boca dos dois!

Ficamos lá conversando, e nada do avião decolar.

Levantei e fui até o piloto, um cara alto, forte, aparentando 50 e poucos anos. Percebi que ele estava pálido, nervoso, porque foi naquela hora que ele entendeu o que estava acontecendo, e caiu a ficha da merda na qual ele tinha se metido.

– Me diz uma coisa: por que é que a gente não vai embora? – perguntei.

– Porque não liberam o plano de voo. Eu já fui lá duas vezes. Toda hora tem uma desculpa – respondeu o piloto.

– Não dá para levantar esse avião e ir embora sem plano de voo?

– Eles caçam meu brevê.

– Porra, mas se a gente ficar aqui, você vai para a cadeia, cara!

– Para com isso, Marcelo! – gritou o Nélio do fundo do avião.

Dali a pouco, o operador, o Brandão, disse assim:

– Marcelo, chega aqui!

Eu olhei e vi uma multidão lá longe, no fundo. Eram uns 40 caras. Chamei o Nélio.

– Nélio, vem cá. Você acha que aquilo ali é uma banda de música para tocar uma guarânia de despedida? Qual é a sua impressão? – perguntei.

– Que engraçado – comentou ele.

– Engraçado é o cacete! – falei.

Quando a gente se deu conta, o avião estava cercado por um monte de bugres. Uns garotos de 20 anos, todos com metralhadoras.

– Eu avisei. Estava bom demais para ser verdade! – eu disse.

Foi o tempo de chegar até meu assento, tomar um gole de uísque, guardar a garrafa, e a polícia invadiu o avião.

Desceu todo mundo, e eles foram nos levando um a um pela pista. Fizeram a gente entrar numa sala e, pronto, eu estava preso.

Isto é uma coisa que eu sei há muito tempo: quando se está preso, é mão para trás e cabeça baixa, não se faz outro gesto. E, quando o sujeito fala com você, o melhor é levantar a cabeça, olhar, mas não encarar o sujeito, porque nesse caso tem uma regra moral. Sim, senhor. Não, senhor – eis uma boa regra de sobrevivência.

Quando eu entrei de mão para trás, cabeça baixa e vi aquele sapato de verniz, pensei: "Eu me ferrei...". Era o mesmo sapato de verniz que eu tinha sacaneado de manhã.

– O senhor, hein! – disse ele.

Pensei na hora: "Ih, é comigo". E mal olhei para a cara do major.

– O senhor não vinha fazer uma matéria de turismo? – continuou.

– Não, senhor, eu menti. Eu sou jornalista, como o senhor sabe. Eu vim porque a polícia vinha fazer uma operação, e...

– Para as leis paraguaias, todos vocês são sequestradores. E sequestro, no Paraguai, é prisão perpétua – afirmou ele.

A primeira imagem que me veio à cabeça foi eu, já velhinho, vestido de listrado, com uma bola de ferro presa no pé.

Eu fiquei branco na hora, e o Nilo Cunha da Silva me dizia baixinho, assim meio de sacanagem:

– Quando a gente for para a cadeia juntos, você vai dar uma moça bonita.

E eu olhava para ele e dizia:

– Lá dentro eu vou ser rei e você vai ser doméstica.

Já estava tudo quebrado mesmo, íamos fazer o quê?

Para fazer a revista, mandaram que todos nós ficássemos nus. Revistaram tudo e não conseguiam entender como é que fomos lá, numa operação para pegar três sequestradores extremamente perigosos, sem nem uma arma sequer. Eles vinculavam o crime à arma, só que não havia arma alguma conosco. Andar com algemas e algemar alguém não é um crime bárbaro.

Qual era o grande problema? Eles não sabiam que aqui no Brasil estava ocorrendo uma operação paralela, prendendo a família de todo mundo, e que a gente tinha ido ao Paraguai para pegar os caras apenas na moral. Por isso, arma mesmo não acharam nenhuma.

Nisso chegou um oficial superior, que disse assim:

– Vocês vão ser levados para a Central da Guarda Nacional.

Entramos todos num lotação, junto com um monte de caras de shorts e outros com roupas de gari (os caras que estavam "limpando" o aeroporto). Chegando à Guarda Nacional, imediatamente pegaram os sequestradores e sumiram com eles. Pensei comigo: "Eles já sabem quem é quem. É só pressão, senão eles botavam todos juntos. O pessoal no Brasil já está informado, já receberam fotos e está tudo certo, mas vão nos manter aqui durante uns dois dias, vão meter porrada na gente, mas matar não vão".

Estávamos lá, na antessala de um tal general Sanches (o qual, um ano depois, seria preso por ser um dos chefes da receptação de carros roubados do Brasil).

– Nélio, eles vão chamar alguém para ir falar com o general. Vai você, porque aí a conversa é de polícia para polícia. O embaço aqui sou eu, ok? – falei.

E lá foi o Nélio e conversou.

Em seguida, veio o Oficial de Gabinete:

– Olha, vocês vão ficar aqui no Paraguai. Serão nossos hóspedes até esse imbróglio diplomático se resolver.

Então, o general se aproximou e completou:

– Vocês quebraram a hegemonia do meu país. Vocês fizeram uma operação clandestina. Está tudo errado, não nos avisaram! Nós estamos em contato com as autoridades brasileiras, mas vocês vão ter que ficar aqui até que isso se resolva.

– General, o senhor me permite? – disse eu, pedindo a palavra.

– Pois não.

– Você... – comecei, mas quando eu disse isso vi que ele ficou bravo, então corrigi: – Quer dizer, o senhor pode deixar eu dar um telefonema para o Brasil?

– Perfeitamente – respondeu ele, e antes de sair da sala autorizou o oficial a me levar ao telefone.

Peguei o aparelho e liguei para o Campello.

– Campello, estamos em cana.

– Prenderam os sequestradores? – perguntou ele.

– Campello, prenderam os sequestradores o caramba, prenderam todo mundo aqui.

E ele, muito gozador, começou a gargalhar.

– Campello, avisa a Globo para esse negócio ser resolvido.

Após o telefonema, fomos distribuídos da seguinte maneira: os policiais ficaram no quartel da polícia; os sequestradores numa cela comum; e nós (eu, o operador e o cinegrafista), o piloto e o copiloto iríamos, segundo eles, para um local mais tranquilo, onde ficaríamos como convidados do Paraguai ("hóspedes", como eles diziam). Pensei: "Que bom, acho que vamos para um hotel. Como estou tenso, vou tomar todas, relaxar e dormir".

Mas não fomos para um hotel. Eles nos puseram dentro de uma caminhonete, e ficamos rodando pela cidade a madrugada toda.

– Porra, será que esses caras vão matar a gente? – alguém perguntou.

– Matar não vão – eu disse.

– Por que não vão matar?

– Porque esses cornos já falaram com o Brasil, já sabem que eu avisei que estamos aqui, por isso eles não vão fazer nada – comentei.

Lá no Paraguai, eles gostam muito de tomar um negócio chamado tereré, uma espécie de chimarrão frio. Eles andam com aquilo numas garrafas tipo térmicas, só que abertas, porque a bebida é fria. De sacanagem, dei um chute na garrafa de um dos policiais e molhei o cara todo. Afinal, eu já estava puto da vida e pensava: "O que é que esses caras querem com a gente?".

Depois de muito rodar, olhei pela janela e dei de cara com a Penitenciária Nacional. Como jornalista, eu sabia que aquele local tinha sido usado como um dos centros de tortura do ex-ditador paraguaio Alfredo Stroessner. Minha valentia acabou.

– Puta que pariu, olha onde é que a gente vai ficar! – falei.

Um monte de caras de prontidão e um baixinho, que era um coronel, nos esperavam. Fomos escoltados com baionetas, metralhadoras e tudo o mais. Subimos uma masmorra, vários lances de escada, e nos trancaram numa cela, que não era propriamente uma cela de grade, mas tinha uma porta (ou seja, uma cela típica de presos políticos). Eu disse:

– Esses caras nos trouxeram para uma masmorra! Nós estamos fodidos.

Ficamos assim: de um lado, eu, o cinegrafista e o operador. Na cela em frente, o piloto e o copiloto. O piloto aparentava estar apavorado, e eu pensava: "Esse cara vai enfartar". Então, achei melhor orientar a todos:

– Olha só, cadeia tem que ter disciplina. Então, nós vamos fazer refeições e nós vamos caminhar aqui dentro.

Na cela, havia um pano, que alguém havia esquecido. Não era uma toalha, e mais parecia um pano de chão. Não estava sujo, mas limpo também não estava. E havia também um cano cortado de onde saía uma água gelada e meio suja. Eu disse:

– Isso vai ser nossa toalha. Vamos lavá-la e esperar secar nessa friagem – disse, e fazia 10 graus, eu tinha visto num relógio desses de rua, no passeio rumo à cadeia. – Cada dia um toma banho primeiro. O último lava a toalha, põe para secar, e a gente faz rodízio.

Quando eu olhei para o Brandão, com cento e tantos quilos, eu disse:

– Pô, é só você enxugar as mãos na toalha e ela já vai ficar molhada!

Sei lá como eu ainda tinha humor para piada. E de mau gosto.

Mas como eu tinha dado a ideia, me comprometi a ser o último, porque tenho que "dar o exemplo".

Em determinado momento, o coronel chegou, me olhou e chamou com o dedo:

– Você aí.

Era eu, o único a falar espanhol.

– Eu espero que os senhores não queiram fugir daqui, porque, olha só – disse, e fez sinal para um soldado acender a luz do lado de fora.

Percebemos que estávamos a uma altura correspondente a de um prédio de cinco andares. Lá embaixo, víamos aquela molecada de metralhadora cuidando da gente. Só se Rapunzel jogasse a trança a gente conseguiria descer.

Eu olhei:

– Não, coronel, nós vamos seguir exatamente a disciplina que o senhor determinar.

No local havia dois estrados para três pessoas. Não tinha nenhum lençol para forrar, mas felizmente ainda estávamos com nossos casacos. Fazia frio e a janela não tinha vidro, só grade. E a gente ali, sem comer... Já eram 2 horas da manhã e a operação tinha começado há exatas 24 horas. Meu alimento tinha sido apenas duas doses de uísque.

Eu tinha um costume. Sempre que eu ia para o exterior, em alguma empreitada perigosa, eu botava dinheiro na sola do sapato. Eu puxava o salto com a chave de fenda, botava nas duas solas uns 50 ou 100 dólares, e, com meu próprio peso, o sapato voltava ao normal. Assim, se não me tomassem os sapatos, eu sempre teria um dinheirinho para alguma eventualidade.

Quando o coronel foi embora, ficaram dois garotos na porta e mais dois nas pontas dos corredores. Estava tudo cercado para não dar confusão. Eu bati na porta, o cara abriu o visor e eu disse:

– Você não consegue algo para a gente comer?

– Aqui não tem comida a essa hora – respondeu ele.

– E se eu te der um dinheiro, você não consegue comprar algo ali na esquina? – perguntei.

Afinal, onde tem cadeia, sempre tem alguém pronto para um suborno. Resolvi arriscar os 50 dólares. Até podia perder, mas valia a pena tentar, porque estávamos com muita fome. E continuei tentando convencer o guarda:

– Olha, aqui tem 50 dólares. Compra um pão ali pra gente.

Ele viu os 50 dólares (o que era uma fortuna para ele), foi até o bar e trouxe um frango, que devia ter sido assado há uns 200 anos. Além disso, trouxe uns quatro pedaços de pão, mais duros do que a parede da masmorra, e uma lata de Coca-Cola para três.

Eu disse:

– Está bom para mim.

Ele ainda foi até a cozinha e trouxe uma panela com uma sopa tradicional paraguaia, chamada bori-bori. Bem-feita, deve ser uma sopa muito boa. Mas aquela da cadeia era uma água gelada com um monte de bolinhas de fubá. Olhei aquele frango da época da independência do Paraguai, aquele pão duro, aquela sopa e a lata de Coca-Cola:

– Nós temos que comer. Se fizermos desfeita, vamos entrar na porrada.

E começamos a comer aquilo, roendo o pão.

A noite foi assim: passamos muito frio e, de duas em duas horas, para fazer pressão psicológica, eles acendiam todas as luzes da cela e vinham nos interrogar:

– O que é que estão fazendo aqui? Por que é que vocês entraram aqui?

E isso aconteceu de novo no segundo dia.

Na manhã do terceiro dia, o coronel, que tinha sumido, apareceu com seu pouco mais de 1,60 metro, tronco largo e cabelo branco à escovinha:

– Os senhores vão deixar de ser hóspedes do Paraguai.

Nós não respondemos nada. De repente, olhando pela janela que dava para a entrada do prédio, vimos chegar um carro e dele saltarem três caras vestidos com terno preto e com nossos equipamentos.

– Vamos ser soltos! – eu disse.

O coronel, então, nos deixou andar pelo corredor e reencontramos o piloto e o copiloto. Eu estava muito preocupado com eles, sobretudo com o piloto, que era um homem de mais idade, mais velho do que todos nós. O coronel já estava mais amistoso e ficou conversando.

– Que trapalhada vocês fizeram! Vocês podiam ter nos avisado.

Eu vi que o papo já estava manso, ele já tinha recebido uma ordem para aliviar:

– Pois é, coronel, mas, no ímpeto e tal, achamos melhor, sabe como é... – e fui tentando bater papo, mas sempre deixando que ele controlasse a conversa; afinal, eu não ia tirar a importância de um coronel, não é mesmo?

À tarde, os caras vestidos de preto entraram na nossa cela com todo o nosso material apreendido. Na verdade, quando fomos presos, Brandão, o operador, tentou me falar das fitas que tínhamos gravado com a prisão e as entrevistas dos sequestradores. Mas eu não deixei:

– Não me conta. O que eu não sei eu não posso falar! Então, não me conta nada das fitas.

Então, naquele momento em que nos devolviam o material, eu pensei: "Esses caras assistiram às gravações e vão meter porrada na gente. Vai ser porrada, porrada, porrada, e vai ficar por isso mesmo".

No entanto, eles não tinham nada contra nós. Acontece que nosso sistema brasileiro era o chamado Betacan e o deles, no Paraguai, era o U-matic. Eles simplesmente não conseguiram ver nossas fitas.

– A gente quer ver as fitas.

Lúcio, o cinegrafista, fingiu que ia mostrar e depois disse:

– Não dá para ver porque o equipamento quebrou. Alguém deve ter mexido e quebrou.

É lógico que eles reviraram o equipamento todo, mas não sabiam em que nem onde mexer. Então, eles foram embora e largaram tudo lá. E nós quietos. Eu olhei e ri. As fitas da Xuxa estavam lá. Elas ainda iriam nos servir. E muito.

Chamei Lúcio num canto:

– Se esses caras fizerem mais pressão, vou fazer uma baita cena, vou lhe dar um esporro monstro. Aí você faz uma reação inicial e depois recua, pega as fitas da Xuxa, me dá e eu dou para eles, como se fosse a fita da matéria. Eles não têm como ver. Até eles transcodificarem, já é Natal, ok?

Na verdade, as fitas da Xuxa eram idênticas às que usamos na reportagem. A única diferença é que eu tinha marcado à caneta, num canto, um discretíssimo pontinho azul.

Finalmente fomos liberados. Eu e meus dois colegas entramos num lotação, o mesmo que nos tinha levado presos. O piloto e o copiloto foram em outro carro. Nós rodamos, rodamos e chegamos a um local que parecia ser uma igreja, com uma fachada branca, como se fosse a frente de uma igreja modernosa. Entramos pela lateral e percebi que aquela frente com cara de igreja era só uma fachada mesmo. Dentro estava instalado um aparelho do Exército paraguaio. Eu olhei e estavam lá o general Sanches, o coronel, o major do sapato de verniz – "vai gostar de sapato de verniz assim na casa do...", pensei eu na hora – e um delegado da Polícia Federal, o intermediário final da nossa negociação, a mando do governo brasileiro. O delegado estava metido em vários problemas que ainda, num futuro não tão distante, o levariam para a cadeia. Ele me viu e, para fazer graça para os caras, veio me dar uma lição de moral:

– O que é que vocês fizeram?

Eu, de cabeça baixa, fazendo cara de "Sim, senhor" e falando baixinho, disse:

– Eu sei quem você é, o que faz e vou contar quando chegar ao Brasil.

Não foi preciso, como acabei de dizer, mas é bom repetir: a justiça brasileira o colocou na cadeia por transitar, digamos, com boas quantidades de cocaína. Fora outras delinquências na fronteira Brasil-Paraguai...

– O general só vai soltá-los se você der as fitas da prisão dos sequestradores. E eu estou dando a minha palavra de que você vai entregar as fitas.

Eu olhei para ele como se estivesse muito pensativo, e, na verdade, estava: por que o general Sanches não confiscava todas as fitas, e ponto-final? Até hoje não consigo entender por quê.

Nosso delegado, a cada momento, era mais enfático:

– O general falou que já quebramos a hegemonia do país, e ele tem razão. E vocês ainda vão querer botar essas imagens no ar? Vai ser uma vergonha para o Paraguai.

– Eu vou resolver isso – respondi e, chamando Lúcio, o cinegrafista, exigi, com postura de chefe:

– Me dá as fitas.

– Não dou. É o meu trabalho – respondeu ele.

– Me dá as fitas! Me dá que eu estou dando uma ordem! – falei, encenando aquela história combinada.

Ele foi lá, pegou as fitas da Xuxa e me deu. E eu as entreguei nas mãos do delegado, que, por sua vez, entregou nas mãos do, em breve, famoso general Sanches, que finalmente relaxou. E eu pensando comigo: "General, quando o senhor transcodificar essas imagens, vai ser um ilariê pra cá e um ilariê pra lá...". Me deu vontade de perguntar: "O senhor gosta da dancinha da Xuxa?". Deixei para lá. Queria ir embora.

Fitas entregues, os policiais foram levados de carro até o avião em que viemos, pois eles seguiriam viagem ao lado dos sequestradores. Mas eles não queriam que nós, da equipe de reportagem, voltássemos no mesmo avião. Isso porque eles estavam tentando evitar o óbvio: que eu gravasse uma matéria da saída deles do Paraguai. Então, nós fomos levados para a Embaixada Brasileira.

Mas, antes de irmos, perguntei ao general:

– Eu poderia cumprimentar os policiais brasileiros?

– Pode – autorizou ele.

Quando a gente já estava indo até os policiais, o operador Brandão disse:

– Eu botei as fitas gravadas na fuselagem, embaixo dos mapas aeronáuticos.

Eu pensei: "Agora ferrou. Eles devem ter mexido e achado tudo".

Quando cheguei perto dos policiais, eu disse:

– Nélio, quando você entrar nesse avião, vá lá no buraco perto do piloto, onde ficam os mapas aeronáuticos. Guarde as fitas boas, elas estão lá.

– Pode deixar.

A Globo tinha mandado para o Paraguai outro avião, com outra equipe, com a repórter Dulcinéia Novaes, encarregada de fazer matérias para o *Jornal Nacional* enquanto estivéssemos presos. Já na Embaixada, perguntei para a Dulcinéia:

– Você me empresta seu avião? Tenho que voltar logo ao Brasil.

Tinha combinado com o Nélio de ele segurar o avião no aeroporto de Foz do Iguaçu: eu queria chegar a tempo.

Chamei o piloto e o copiloto que tinham levado a equipe da Dulcinéia:

– Olha aqui, para ser prático, a história é a seguinte: tenho que sambar fora daqui com meu time, mas tem que ser agora. Se depois de estarmos voando os paraguaios nos mandarem descer em alguma pista de outra cidade deles, esquece. Eles não vão ter coragem de nos abater no ar. Só vamos descer em Foz do Iguaçu. Vocês são chefes de família e não precisam se arriscar. Mas depois de subir só descemos no Brasil.

Eles disseram:

– Marcelo, estamos dentro, vamos te levar.

E saímos para o aeroporto. Entramos no avião, com embaixador do lado e tudo. Só faltou a tal banda da guarânia.

O avião que tinha nos levado até o Paraguai, e onde agora estavam os policiais e os sequestradores, era rápido, e o emprestado pela Dulcinéia, lento. Quando saímos do espaço aéreo paraguaio e entramos no brasileiro, nosso piloto conseguiu fazer contato com o piloto do outro avião. A informação não me deixou alegre: eles já tinham pousado em Foz do Iguaçu e, em poucos minutos, o aeroporto de lá ia fechar. Tradução: torre de controle fechada, pista apagada.

– Fala com o cara da torre para segurar e explica o problema – eu disse ao nosso piloto.

E o cara da torre topou segurar mais 40 minutos. Nos últimos dias, o relógio não andava como eu queria: na cadeia o tempo não passava; rumo a Foz do Iguaçu o tempo, literalmente, voava. Lembrei-me de uma frase dita ainda antes de Cristo: "Tempo: o devorador de todas as coisas". Mas conseguimos chegar a tempo. Nisso o Nélio veio correndo em minha direção. A gente se abraçou.

– As fitas?

– Estão todas comigo – o Nélio respondeu.

– Ah, é agora que eu vou foder aquele general – que, como eu disse, ainda ficaria famoso.

Liguei para o meu chefe. Era quase meia-noite.

– Amorim?

– Oi, Marcelo, já está no Brasil?

– Já!

– Graças a Deus!

– Está tudo certo.

Eu não podia entrar em detalhes, porque sempre tinha um policial federal tentando ouvir minha conversa. E o chefe deles era aquele que negociou nossa libertação – sabe-se lá quem mais estava metido em alguma traquinagem. "E o celular?", perguntaria você. Na época era peça rara – e nenhum de nós carregava um.

– Marcelo, grava pelo menos uma matéria para a gente não passar em branco.

– Fica tranquilo, Amorim, está tudo certo.

E, como ele não entendia, eu completei:

– Amorim, faz o seguinte, deixa preparado um plantão, que eu vou sair do aeroporto e fazer um plantão lá na Globo.

A Globo encerrava a programação por volta de 1 hora da manhã, e ele pediu para botar um filme para entrar pela madrugada.

Nós entramos no avião onde estavam os sequestradores e decolamos. Gravei os caras lá dentro, depois peguei minha garrafa de uísque:

– Agora eu vou tomar mesmo, porque eu estou de saco cheio de ficar preso.

No banheiro do avião estava o Chocolate, que mal cabia lá dentro, e eu dizia assim:

– Negão, não balança, que vai cair esta porra.

E o Chocolate nem ria:

– Marcelo, eu vou morrer.

Quando chegamos ao Rio, foi aquela alegria. Alegria por estar solto e por estar com o meu material intacto. Só que recebi a informação de que a imprensa inteira estava no aeroporto.

O delegado Elson Campello foi até o avião e eu combinei com ele:

– Campello, a imprensa vai cair matando em vocês. Saia com os sequestradores pela porta da frente e eu saio pela lateral. Tenho uma edição extraordinária. A diversão começa agora.

Quando ele saiu com os sequestradores, os jornalistas do Brasil inteiro estavam ali fotografando. Eu passei pelo cantinho. Adeus.

Cheguei à Globo e botei uma chamada no ar. Depois daquela música famosa do Plantão da Globo – *tantantan-tantan-tantantantan* –, eu entrei no ar e disse, bem fora do padrão da Globo:

– Acabei de chegar do Paraguai. Os sequestradores estão aqui, e quero avisar que tenho todo o material do sequestro. Andam dizendo, aqui no Brasil, que eu perdi as fitas, mas está tudo gravado, e você vai ver amanhã a reportagem completa no *Jornal Nacional.*

Aí o Amorim me ligou:

– Marcelo, você tem tudo mesmo?

– Tenho. As oito fitas, tudo na mão.

– Você é maluco! Vai dormir um pouco e depois vem para cá, que a gente põe algumas coisas no *Jornal Hoje.*

Quase sempre quem brilha é o repórter – mas as fitas só estavam comigo por causa da inteligência rara do Brandão e do Lúcio. Brandão, quando viu a polícia paraguaia na pista, escondeu o material no "buraco". E Lúcio desregulou o visor da câmera. Decisões que tomaram em fração de segundo: foram geniais.

E assim foi feito. Depois dessa confusão toda, a reportagem se salvou.

Aí a profecia do Alberto Salustiano Borges, o Chocolate, se concretizou, tal qual ele tinha dito: 48 horas depois de chegarmos ao Brasil, dentro da sua cela individual na penitenciária de segurança máxima Bangu I, ele apareceu enforcado. A versão oficial: suicídio. Mas, medindo a altura em que estava a forca feita com um lençol em relação ao chão, não havia como ele se matar – caso ele se jogasse para se enforcar, o pé bateria no chão e a corda não apertaria. De qualquer modo, essa acabou se transformando na versão oficial. Os outros dois sequestradores ficaram no presídio Ary Franco, em Água Santa, bairro da zona norte do Rio. Até que Nilo Cunha da Silva, o Professor, conseguiu fugir.

Ah, e eu já ia me esquecendo: o tal general Sanches foi preso dois meses depois da nossa, digamos, negociação. Como foi o responsável pela trapalhada das fitas, o governo decidiu prendê-lo por causa da mais do que conhecida atividade do nosso militar: receptação de carros roubados no Brasil. Ainda bem que ele tinha a Xuxa para distraí-lo na cadeia.

Mas essa é outra história.

- 3 -

O deputado das drogas

"O instinto é o olfato da mente."

O lance do Paraguai deu um pouco mais de solidez à minha mudança de área na TV Globo. Mas não é do Paraguai que eu quero falar aqui – é da Bolívia, ou melhor, do eixo Bolívia-Rondônia. Como eu dizia, melhorei minha "foto" na Globo e passei a fazer parte de uma espécie de COT – Comando de Operações Táticas. Coisa da minha cabeça. Deixei de ter um chefe direto – todos eram meus chefes. Cada um tinha um pedido de matéria. Tomei uma decisão: buscar meus assuntos antes que eu enlouquecesse com a loucura das chefias.

E foi por isso que naquela quase hora do almoço eu estava entrando na sede da Polícia Federal em Brasília. Ia conversar com o Diretor da Divisão de Repressão a Entorpecentes (DRE), Carlos Alberto Cavalheiro. Não nos conhecíamos pessoalmente – só por telefone. Mas logo mais eu encontraria um homem de fala grossa, meio caboclo, gestos largos e decididos. Minha ideia: mostrar as rotas e um "quem é quem" no mundo das drogas do Brasil e dos países vizinhos.

Quando cheguei ao andar onde ficava o diretor, fui informado de que ele estava no meio de uma reunião e de que pedira para eu o esperar. E eu aprendi com um dos maiores repórteres que o Brasil já teve – Octávio Ribeiro, o Pena Branca – que esperar pode ser uma angústia ou uma sabedoria. Ele apostava na segunda – eu também.

Sentei numa cadeira e fiquei lendo um jornal. E nem me dei conta de que aquela cadeira ficava numa posição como se eu estivesse olhando quem entrava e saía. Eu, ali, de paletó e gravata, estava parecendo um agente da polícia tirando uma de recepcionista.

Nisso entraram três caras. Dois negros bem grandes, tipo jogador de basquete, e o outro branco, bem branco, que percebi ser estrangeiro. Eles me deram boa-tarde num sotaque arrastado, sentaram-se num sofá, na outra ponta da sala, e ficaram ali, batendo papo, conversando em inglês e em voz baixa. "O instinto é o olfato da mente", já foi dito sei lá por quem.

Eu, lendo jornal, comecei a prestar um pouco mais de atenção no que eles falavam, e notei que os dois negros eram porto-riquenhos, e o outro, americano. Como eu estava um pouco longe, não entendia muito bem as palavras, mas notei que falavam sobre drogas em Rondônia e de um certo deputado federal envolvido no caso.

Eu pensei comigo: "Algum deputado fez uma denúncia de Rondônia...".

Eu sabia que Rondônia era – e é até hoje – uma das grandes portas de entrada de cocaína da Bolívia. Na conversa apareceu o nome que não entendi, e saberia depois: Cacoal, uma cidadezinha quase encostada à Bolívia. A droga entrava pela cidade de Cacoal.

E os caras falando em inglês, certos de que perto deles estava uma "besta". E a "besta", que era eu mesmo, só pegando alguns pedaços da conversa.

Aí o Cavalheiro (que depois foi assessor do falecido senador Romeu Tuma) chegou até a porta e disse:

– Marcelo, espera um instantinho, dois minutos. Eu vou resolver só um negócio com eles aqui.

– Tudo bem, Cavalheiro, não estou com pressa – respondi.

Mas fiquei com aquilo na cabeça. O que será que estava acontecendo ali? Passaram-se uns dez minutos e eles ainda estavam lá dentro, quando o Cavalheiro me chamou:

– Entra, Marcelo, e desculpe, mas é que a gente está vendo um negócio e vai demorar um pouco.

Eu sentei e eles continuaram falando entre eles, agora em espanhol, numa conversa bem tranquila, do tipo "vamos viajar hoje, não sei o quê, vamos para este ponto aqui do mapa", e tal. E eu ali, quieto. Percebi que eram agentes do DEA, o Departamento de Combate a Entorpecentes dos Estados Unidos, ligado ao FBI. Aí pensei: "Deve ser alguma coisa muito quente...". Mas fiquei quieto, porque eles não sabiam que eu tinha prestado atenção ao início da conversa, lá fora.

Quando os caras saíram, o Cavalheiro, finalmente, veio saber o que eu queria. Deixei a conversa fluir um pouco e, depois daquele início mais banal, e sempre meio chato, eu disse:

– Cavalheiro, a situação é a seguinte: estou sabendo – e eu não estava sabendo de nada – de uma grande conexão de drogas vindas de Rondônia, e que tem um deputado metido no meio.

– Como é que você sabe disso, Marcelo?

– Aqueles três que saíram daqui estavam lá fora conversando, e eu escutei tudo.

Na verdade, eu só tinha escutado meia dúzia de palavras.

– Pelo amor de Deus, a gente está há seis meses nessa investigação – disse ele, porque investigação demora seis meses, um ano, dois, dez, dependendo do volume.

– Pois é. E eu estou sabendo dessa história.

– Marcelo, pelo amor de Deus, não bota isso no ar. Se você colocar isso no *Fantástico*, vai quebrar a gente.

– Não vou botar nada no *Fantástico*. Vou fazer um trato com você: eu acompanho a investigação, faço alguma coisa por minha conta e a gente se encontra lá na frente.

– Quem está coordenando tudo isso é o Roberto Precioso.

Na época, o Roberto Precioso Junior (o cara que mais entende de drogas neste país, ex-superintendente da Polícia Federal no Espírito Santo e no Rio de Janeiro; ex-chefão da Secretaria Nacional antidrogas e hoje babá dos netos) mandava na DRE de São Paulo e, por alguma dessas graças divinas, era, e é até hoje, meu amigo. Naquele ano de 1991, na verdade, ele era ainda mais amigo de um grande jornalista, o Aroldo Machado, que, por sua vez, era produtor e editor do *Fantástico*.

Assim que saí da reunião com o Cavalheiro, liguei para o Aroldo.

– Aroldo, vá para São Paulo, converse com o Precioso, porque tem uma situação assim, assim, assim – disse, contando a ele toda a história. – O Cavalheiro já vai conversar com o Precioso antes. Se manda para lá, porque nós vamos seguir esse negócio. Vai dar um rolo monstro.

O Aroldo, então, conversou com o Precioso. Eu cheguei de Brasília, me encontrei com o Aroldo em São Paulo, tomei pé da situação e descobri o seguinte: um deputado federal, de nome Jabes Rabelo, eleito por Rondônia, e seu irmão, chamado Abdiel Pinto Rabelo, além de mais outro irmão, piloto de avião pequeno, e um primo deles tinham uma grande conexão de drogas com a Bolívia. Eles estavam mandando drogas direto para os Estados Unidos, por isso o interesse do pessoal do DEA. Esse era o início da investigação.

Desse dia até o dia do flagrante, passaram-se três meses de uma operação que já se arrastava há seis. E a gente ali, investigando por todos os lados. Por várias vezes eu e o Aroldo íamos a São Paulo e ficávamos no Hotel Eldorado-Higienópolis, trancados nos quartos, à espera do "é hoje".

Um belo dia, eu estava no Rio e fiquei sabendo que o Aroldo estava desesperado atrás de mim. Quando cheguei à TV:

– Estou indo para São Paulo agora. Hoje é o dia do flagrante! Porra, ninguém te achava, já tinha nego procurando outro repórter para ir! Vai assim mesmo, agora.

– Vamos embora – eu disse.

E fomos para São Paulo. Era o dia "D". Chegamos à cidade e ficamos posicionados assim: um pessoal fazendo base no centro, ali no fim da Avenida Rio Branco, antiga sede da Polícia Federal; e eu e o Aroldo, mais uns dois agentes, num carro, no Campo de Marte, pista em que pousam muitos aviões particulares pequenos, na zona norte da cidade. Pensávamos que eles poderiam chegar num aviãozinho. Todo mundo distribuído, todas as possibilidades cercadas.

Não deu certo. Os caras não se mexeram nesse dia. Ficamos até de madrugada e nenhum informe.

Como é que nós tínhamos as informações da movimentação dos caras? O motorista de uma kombi, que estava dentro da quadrilha, era nosso informante. Ele ia receber uma grana grande do pessoal do DEA.

No segundo dia, soubemos que os caras tinham atrasado a chegada.

No terceiro dia, Abdiel chegou a São Paulo com mais dois caras: o irmão dele, piloto, e o primo, o chefe da segurança. Se os três estavam aqui, a coisa ia virar. Levantamos o hotel deles: na boca do lixo, ponto de cabarés, bares e prostituição. "Quem sai aos seus não degenera", pensei. E a informação recebida era de que o caminhão com a droga estava num posto da Rodovia dos Bandeirantes. Mas o informante disse isso correndo, e desligou o telefone. "Deve ter sujado", pensei.

Fazia frio naquela noite em São Paulo: cinco graus. A operação "Cacoal" começava a esquentar. Três agentes, de motocicleta, iam e voltavam pela Rodovia dos Bandeirantes tentando achar o caminhão com a droga. Isso mesmo, a droga estava vindo de caminhão – Abdiel e seus parceiros escoltavam a cocaína usando um Passat alugado – e com Abdiel vinha a prova que levaria à cassação do irmão deputado. Mas isso é assunto para adiante.

O delegado Precioso, mais dois agentes e a nossa equipe estávamos na sede da PF quando o rádio tocou: "Perdemos o caminhão". Era um dos agentes de moto. Foi aquela decepção, e isso já às 10 e tanto da noite. Lembro que, nessa hora, uma delegada que fazia parte da operação disse assim:

– Vou sair e comprar pão, Coca-Cola e mortadela Ceratti, porque mortadela Ceratti dá sorte.

Eu olhei para a cara dela, pensei umas duas vezes e disse:

– Sueli, se eu não gostasse tanto de você e se você não fosse casada com um amigo meu, eu ia mandar você para a puta que te pariu, porque não acredito que, a esta altura, agora que estamos há três meses nisso e perdemos o caminhão, você olha para a nossa cara e vem com esse negócio de mortadela Ceratti!

E não é que ela saiu atrás da mortadela? E nada de caminhão.

Depois de meia hora ela chegou e começou a fazer os sanduíches. Estava todo mundo morto de fome, ninguém tinha almoçado nem nada. Estávamos numa campana monstro, sem comer. Quando íamos começar a comer o tal do sanduíche, bateu o que se chama no linguajar policial de uma "baixa frequência", ou seja, uma informação por telefone, porque telefone funciona em baixa frequência. E um agente chamado Zeca avisou:

– Achei o caminhão! Está num posto no final da Bandeirantes.

E olha a dificuldade. A informação era: "está no final da Bandeirantes". Mas qual final? No sentido interior-capital ou capital-interior? Largamos os sanduíches e lá fomos nós. Será que a mortadela tinha mesmo trazido sorte? Os agentes foram batendo a estrada, naquele frio. Já quase meia-noite, *pá*, acharam o caminhão num posto, na saída da Bandeirantes, pertinho da entrada da Marginal Pinheiros – a carga seria levada, soubemos depois, para ser despachada pelo porto de Santos rumo aos Estados Unidos.

Chegamos lá e foi todo mundo se espalhando, disfarçado, dentro de uma lanchonete, tomando café, ninguém se falando. Eu fiquei ali só olhando, sentado dentro de um carro, porque minha cara já era manjada.

Nisso chegou um caminhão todo estranho, de combustível adulterado, e um delegado, ainda novo no ramo, resolveu dar um flagrante no caminhão. Pode? O sujeito ia causar um alvoroço por causa de um caminhão de combustível e "sujar" o trabalho de meses e mais meses. Aí um agente puxou aquele delegado para o lado, quase aos trancos, e ficou uma situação esquisita. Mal, muito mal: "Pronto, se esses caras têm olheiros, a casa caiu". Mas justo nesse momento chegou o Abdiel Pinto Rabelo.

E por que ninguém conseguiu seguir o Abdiel do hotel até ali? Acontece que, quando ele saiu do hotel, estava num Santana alugado novinho (daqueles que, na época, tinham acabado de ser lançados). Ora, o Abdiel pegou a Bandeirantes e meteu 150 quilômetros por hora! Num frio de cinco graus, como que os policiais de *moto* iriam acompanhá-lo? Nem fazendo mágica.

Quando o Abdiel chegou, mal ele meteu o focinho do Santana no posto, já teve que frear. Tinha arma de tudo quanto era lado apontada para a cabeça dele e gente gritando:

– Salta, salta, salta.

Nem bem ele saiu e a gente já acendeu em cima dele a luz forte do *sungun* (a iluminação portátil que usamos para gravar as matérias quando não há luz natural). A essa altura, o caminhão com a droga estava cercado, e o motorista do caminhão, preso. Mas ainda não tínhamos subido no caminhão.

Quando o Abdiel saltou do carro, completamente aturdido, assustado com o flagrante, ele não conseguia ver que estava sendo filmado nem que havia armas pesadas por ali, nada. Com aquela luz na cara dele, ele encostou e mandou uma oferta:

– Dou 40 mil para me soltar!

Aí o agente disse:

– Isso é cana, é Polícia Federal.

– Então eu dou 100 mil – retrucou ele.

Aí eu sentei na beira da calçada do posto e desatei a rir. Olhei para o Precioso:

– Olha a moral que vocês têm!

Quando os policiais subiram no caminhão, para ver a carga, só havia garrafas de cachaça Praianinha. Mas, no meio das garrafas, no fundo de umas caixas centrais, encontraram 560 e poucos quilos de cocaína. Exatamente como tinha dito o informante pago pelo Departamento de Combate às Drogas dos Estados Unidos, o DEA. Na época, aquela era a maior apreensão da história.

Se decepção tivesse cara, seria a de Abdiel. Aquele baixinho de 1,60 metro, gordinho e feio como a miséria ainda viria a me jurar de morte. Algemaram o Abdiel e levaram o caminhão até a Polícia Federal na Rua Piauí, perto do centro de São Paulo, onde eles descarregavam a cocaína que tinha de ser pesada no laboratório. Os peritos também estavam de plantão.

Abdiel, que tinha saído sozinho para ver se estava tudo bem e fazer a última verificação no caminhão, foi para a cadeia. Era o primeiro da família Rabelo a sentir o aperto de um par de algemas.

E nós, já de madrugada, fomos para o fuzuê da boca do lixo, no centro da cidade de São Paulo. Chegamos ao hotel onde estavam o irmão piloto e o primo segurança, um cara extremamente perigoso.

Tínhamos que subir até o quarto deles. A questão: uma coisa é olhar um quarto aberto, outra coisa é abrir a porta do quarto de um vagabundo. No caso, dois. Nessa hora vem sempre uma pergunta: como eles prepararam o quarto? E se eles botaram alguma coisa para, quando alguém abrir a porta, virar um sururu na casa de Noca (tradução: uma confusão monstro) –, tipo uma espingarda engatilhada atrás da porta, pronta para disparar? Parece filme? Vai atrás. Nessa hora tem que se pensar em tudo.

Perguntamos para o porteiro, depois de o delegado Precioso se apresentar:

– A que horas eles chegaram?

– Eles estão aí desde cedo – respondeu ele.

– Eles pediram mais alguma coisa?

– Não. Agora há pouco um deles saiu.

Ah, essa informação era preciosa: se um deles havia saído (e este "um" devia ser o Abdiel), não devia ter nenhuma armadilha atrás da porta para quando alguém abrisse, porque o que saiu ia ter que entrar. Devia ter alguma senha! Ficamos pensando: a gente bate na porta, aí os policiais desarmam quem estiver armado e tudo certo. Mas e se a senha não for bater na porta? A gente não sabia, porta não fala. O que fazer?

Decidimos entrar. Pegamos o porteiro, com a chave mestra, e seja o que Deus quiser.

Ficamos no corredor escutando. Lá dentro o silêncio era absoluto. Então, entendemos que tínhamos que abrir a porta e entrar rachando. Peguei minha equipe e coloquei entre os policiais – eu penso sempre assim: se tiver tiro de frente ou de costas, pode ser que a gente escape. Então, lá fomos nós: alguns policiais na frente, a gente no meio, e outros policiais atrás. O porteiro, coitadinho, tremia, parecia roupa em varal em dia de ventania, de tanto que chacoalhava. Mas ele, que nesse instante tinha se transformado num escudo humano, fez tudo conforme o combinado: assim que ele abriu a porta, acendeu a luz – *pá*!

A situação era a seguinte: tinha uma antessala e o quarto. Na antessala, num sofá apertado, dormia o chefe da segurança, o primo Rosemar; no quarto, o irmão. A cama de Abdiel estava ali, toda amarfanhada – de quem tirou uma soneca antes de sair para ser preso.

Foi tudo muito rápido. Um policial federal entrou e meteu uma pistola 45 dentro da boca do chefe da segurança. Nesse minuto, o cara parecia uma bolinha de brinquedo chamada perereca, aquela que você joga e fica quicando sem parar. O bicho pulava com o revólver engatilhado lá dentro da garganta. O outro, o irmão piloto, quando viu aquele monte de armas, se mijou todo. Era uma cena patética: ele encostado na parede, branco como nuvem em dia de sol, e o xixi jorrando – parecia um tanque vazando. E eles foram levados para a Federal.

Na DRE, havia três celas no fundo do andar. Viu o filme *O silêncio dos inocentes*? Eram iguais àquela em que ficava o Hannibal Lecter. Só que celas menores. Numa já estava o Abdiel, e em outra ficaram os dois. Subimos para pesar a cocaína. Lembro bem que, quando os peritos acabaram de pesar tudo aquilo, olhei e disse para o Precioso:

– Precioso, a imprensa vai ficar tão danada da vida por darmos a notícia em primeira mão que vai ter algum sacana que vai dizer: "Ué, 560? Por que não 600 quilos?". E nós ainda vamos acabar sendo acusados de desvio dessa joça.

E realmente isso acabou acontecendo, pois uma jornalista fez essa insinuação.

Com os caras presos e a cocaína pesada, tudo certinho, lá pelas 5 horas da manhã fomos dormir um pouco. Só estávamos na metade do trabalho – afinal, e o deputado?

Nesse meio-tempo, eu fiz uma nota para o *Jornal Hoje*, lá da Globo, e voltamos para a Polícia Federal. Chegamos lá por volta das 11 da manhã e começamos a olhar os documentos. Além da cocaína, a prova do vínculo com o deputado federal estava lá: Jabes Rabelo tinha dado para o irmão Abdiel uma carteira de assessor parlamentar do gabinete dele. A carteira servia para Abdiel passar pelas barreiras rodoviárias sem maiores problemas.

A Repressão a Entorpecentes da Federal em São Paulo era uma espécie de família: poucos agentes, todos amigos. Era um clube fechado. E nós lá filmando os documentos, conversando, relembrando os momentos da noite anterior. Foi então que resolvemos nos distrair, e armamos uma sacanagem com o auxiliar técnico da nossa equipe. Quando acabamos de gravar os documentos, pedi para ele devolvê-los ao chefe do cartório. Passaram-se alguns minutos e o delegado Precioso, sempre de voz baixa, um cigarro atrás do outro, e uma gentileza de chefe de cerimonial, gritou pela primeira vez:

– Ei, Cerqueira, cadê a carteira de assessor parlamentar?

– Entreguei ao senhor.

– Para mim, não.

– Entreguei.

– Não entregou!

E ficou aquela coisa. Já estava tudo combinado na delegacia. Ah, era uma brincadeira para descontrair! A ideia era meter o nosso operador preso com os caras lá de Rondônia, só de sacanagem, porque, nesses casos, quem não se distrai um pouco morre de infarto por tanta tensão. E aí foi aquela confusão de "prende", "não prende", "chama o escrivão" e... Bom, em resumo, meteram o Cerqueira na cadeia, junto com os outros presos.

Nisso chegou uma equipe da *Veja* com uma repórter e um fotógrafo maravilhoso, que depois foi morar em Paris, chamado Antonio Ribeiro. Eles chegaram e disseram:

– E aí, Marcelo? E os presos? Estão aí?

Aí o Aroldo, nosso produtor e editor – talvez o cara que conheci na vida mais disposto ao trabalho e à sacanagem – disse:

– Estão todos lá dentro. Mas cuidado que tem um que diz que é qualquer coisa menos bandido. Ele já disse que não tem nada a ver com isso, já disse que é piloto da Varig, depois que é empresário, que é um equívoco, diz qualquer coisa. Se precisar ele diz que é hélice de avião. Entra fotografando porque eles vão esconder o rosto.

E o cara entrou fotografando, junto com a repórter. O Cerqueira gritava. Falei gritava? Não. Berrava:

– Eu sou da TV Globo, não tenho nada a ver com isso.

E começou a chorar.

Aí a repórter encostou nele, porque era o único que parecia disposto a falar, já que os outros ficaram amuados no fundo da cela. O Cerqueira dizia:

– Eu não tenho nada a ver com isso. Isso é sacanagem deles!

A repórter saiu e disse:

– Ele está dizendo que é da TV Globo.

– A gente bem que te avisou – eu falei.

E o Ribeiro, que já conhecia o operador, disse:

– Porra, Marcelo, esse cara é da TV Globo!

– É, mas até agora a gente já pegou dois na brincadeira: ele e a sua repórter. Continua fotografando de sacanagem! – comentei.

Mas acabou a brincadeira, e tiramos o coitado de lá.

Voltando à realidade, fiz uma matéria para o *Jornal Nacional* que deu uma repercussão gigante. Depois, combinei com o Aroldo e o Precioso de irmos para Rondônia atrás do deputado – porque, a essa altura, a gente estava seguindo o homem. Ele tinha rapidamente corrido de Brasília assim que viu a notícia no *Jornal Hoje*. Foi se esconder em Cacoal, para evitar o inevitável: primeiro, o desgaste; segundo, a cassação.

Estávamos de saída para Rondônia quando Romeu Tuma, então Diretor-Geral da Polícia Federal e sempre pronto a me ajudar, disse:

– Pelo amor de Deus, vocês são malucos. Vocês vão morrer! Não vão para lá assim.

Então, ele botou dois agentes para nos acompanhar até Cacoal. Tínhamos que ir lá onde a onça se escondia...

Ao chegarmos a Porto Velho, capital de Rondônia, eu e o Aroldo pegamos um carro na locadora, uma caminhonete grande. Comecei a reparar que, por onde a gente passava com o carro, todo mundo olhava, e isso começou a me incomodar.

– Aroldo, vamos estacionar esse carro – falei. – Vamos tomar algo num bar e ficar reparando se as pessoas olham o carro.

– Tão olhando muito, né? – comentou ele.

Estacionamos e entramos num bar. E, realmente, as pessoas passavam pela rua e olhavam a caminhonete, mesmo estando vazia.

– Que porra tem esse carro?

– Pois é...

– Não vamos entrar nesse carro não, Aroldo. Vamos esperar para saber o que é isso.

De tão estranho que era aquilo, perguntei a um conhecido:

– Você conhece esse carro?

E aí a história veio completa. Os caras eram tão fortes que tinham preparado uma armadilha daquelas. Se a gente não tivesse percebido... Aquela caminhonete vermelha era o antigo carro do governador Olavo Pires, que tinha sido morto, metralhado, numa guerra de quadrilha. Então, o que eles fizeram? Deram-nos um carro conhecido para saber aonde nós estávamos indo. Se nos dessem um carro comum, a gente se perderia no meio de uma porção de outros. Mas não: estávamos com aquela Blaser grande, vermelha, e, na época, não tinha quase nenhuma circulando.

– Filhos da puta! A gente vai estar enrolado aqui – comentei.

Fomos à locadora e devolvemos o carro.

– Vocês não querem mais o carro?

– Não, muito obrigado.

E não dissemos nem por quê.

Arrumamos outro carro em outro canto, nos juntamos com os caras da Polícia Federal e fomos para Cacoal (eu, Aroldo, o operador e dois agentes da Polícia Federal).

Cacoal fica bem longe de Porto Velho, a cerca de 480 quilômetros. As estradas não eram estradas com buracos, era um buraco que tinha estradas. Só para dar uma noção do estado, passamos por uma cratera e a bateria do carro foi arremessada longe, caiu no chão.

Já em Cacoal, como um dos federais sabia onde era a fazenda do deputado, fomos para lá. Quando chegamos bem perto, pegamos um binóculo e olhamos. Tinha um monte de jagunço na fazenda, todos armados. Andamos um pouco mais para a frente, sempre à procura do deputado, e nos disseram que ele estava na fazenda. Tínhamos que ir até lá, mas olha só o embaço: a fazenda era uma propriedade privada, então, se entrássemos, eles poderiam atirar. Aí ficou aquela coisa: entra ou não entra? Vai ou não vai?

– Quer saber de uma coisa? Vamos entrar – disse Aroldo.

E eu:

– É, vamos ver no que vai dar!

O Aroldo saltou, abriu a porteira da fazenda e a gente olhou aquela jagunçada toda (contando bem, uns 11 caras). Entramos na fazenda e a cena era a seguinte: o deputado sentado no degrau do alpendre e aquele monte de bichos mal-encarados armados até os dentes em volta. Ainda no carro, a gente já quase chegando, eu disse para o Aroldo:

– Vamos parar o carro bem pertinho e eu vou lá falar com ele.

Saltamos e eu fui até o deputado:

– Senhor deputado Jabes Rabelo, o senhor me conhece?

– Conheço. Isto aqui é uma propriedade privada, e o senhor não pode estar aqui dentro – respondeu ele.

– Eu só quero dizer o seguinte: eu vim a Cacoal para conversarmos, seja hoje, seja amanhã, seja aqui, seja na cidade. Eu não vou sair daqui. Eu quero entrevistá-lo e vou ficar aqui. Quero dizer também que todo mundo sabe que viemos para cá, então qualquer coisa que nos aconteça será de sua responsabilidade, e aí o que já não é coisa pequena vai aumentar. A carta do jogo é sua, pode jogar do jeito que o senhor quiser. Na verdade, o senhor é a minha segurança aqui.

Ele me olhou com olhos que eu já conhecia: puro ódio.

– Você é bem folgado, né?

– Não – respondi. – Se eu fosse folgado, já estaria gravando o senhor. Já teria saltado direto com câmera na mão, e eu não estou gravando nada.

Mentira. Mesmo com a câmera com aquela luzinha vermelha desligada, a gente estava mandando ver.

– Vou te encontrar daqui a meia hora na minha fábrica de café – disse ele.

Eles tinham uma torrefação de café. Botavam lá dentro a cocaína e, com o aroma do café, abafavam o cheiro da droga (só depois treinaram uns cachorros que sabem distinguir o cheiro de um do outro). E ele tinha, também, uma distribuidora de bebidas, exatamente onde estava a cocaína apreendida em São Paulo. Enfim, eles armaram uma rede de pó. Saímos da fazenda com a promessa de que, em meia hora, nós o encontraríamos na tal torrefação.

Entramos por uma estrada que ia para um morro e ficamos ainda olhando de longe. Dali a uns 15 ou 20 minutos, ele realmente saiu. Pegamos o carro e fomos atrás, porque nosso receio era que ele fugisse para Porto Velho (mas, se fizesse isso, já estaríamos prontos para ir atrás).

Chegamos à torrefação, onde ele ensacava o "tal" café. Lá estava ele, sentado numa cadeira, cercado de quatro filhos pequenos, todos miudinhos, pronto para a entrevista.

– Deputado, o assunto não é fácil. O senhor sabe que parte de sua família está presa, em flagrante, por tráfico internacional de entorpecentes, e sabe que está enrolado. O senhor vai contar a sua versão e eu vou acatá-la, mas não pode expor os seus filhos.

O truque dele era: com aquela imagem, ou ele sensibilizava a população ou a entrevista não ia ao ar. Como é que eu ia botar um monte de crianças agarradas ao pai e o pai dizendo que não era bandido? A lei não permite, nem o bom senso.

Fiquei tentando convencê-lo e nada. E foi aquele embaço até que os meninos saíram e ele resolveu dar a entrevista sozinho.

E aí o couro foi comendo. O Tuma também foi para lá, e descobriu-se que, no Detran de Cacoal, havia placas de carros até do Afeganistão. Percebemos que Cacoal não era uma cidade que pertencia ao Estado de Rondônia, era uma cidade que pertencia ao Jabes Rabelo. Tudo era dele.

Fizemos, então, uma matéria para o *Jornal Nacional*, outra para o *Globo Repórter*, e assim criava-se o vínculo do deputado com a droga.

O resultado dessa história é que o Abdiel Pinto Rabelo pegou 24 anos de cadeia, o irmão, 12 anos, e o primo, 18. Na época, isso foi um escândalo que durou meses nos jornais. Jabes Rabelo foi o primeiro deputado cassado por suspeita de crime. No tempo do Getúlio, em 1946, um deputado, que posou de fraque e cueca, foi cassado por decoro, por questões morais da época. Mas o primeiro deputado cassado por crime foi, de fato, o Jabes Rabelo.

Abdiel ainda fugiria da cadeia, seria recapturado e me juraria de morte.

Mas essa é outra história.

- 4 -

O defunto que salta e fala

"A glória é como vaga-lume: brilha de longe, mas, vista de perto, não dá luz nem calor."

A frase aí de cima é de John Webster, um dramaturgo inglês de uns séculos atrás. Eu, com as reportagens investigativas, comecei a ficar conhecido – portas se abriam com mais facilidade. Mas prestígio só é bom quando você não usa. E uma coisa a televisão reforçou em mim: a vida é como um jogo em equipe. Ora você é o artilheiro, ora você está na reserva, ora você nem é convocado. Eu sempre soube – ainda bem – da importância dos meus parceiros. E um deles chama-se Eduardo Faustini, o melhor repórter da TV brasileira. Você não o conhece? Claro, Faustini não mostra o rosto – prepara tudo para gente como eu colocar a bola na rede, quando o goleiro já está batido.

E foi o Faustini que me falou primeiro sobre o DPVAT. O que é o DPVAT? É o seguro que você paga quando vai fazer o licenciamento do carro. Esse seguro serve para ressarcir você ou terceiros em caso de acidente. Assim, a família de alguém que morreu em um acidente recebe o DPVAT; se você se fere num acidente de carro recebe o DPVAT.

Faustini, um sujeito bem-humorado, trabalha com a mente sempre em dois campos opostos, mas não antagônicos: trabalho e sacanagem. (Mas as sacanagens do Faustini vamos ver mais adiante.) Ele me contou que, no Brasil, o tal seguro obrigatório era – e é – fonte de um gigantesco golpe de falsos mortos e de falsos acidentes.

Dias depois o encontrei de novo:

– Rapaz – disse eu a ele –, andei vendo o tal do DPVAT. É uma roubalheira!

– Não te disse?

Com uma equipe do *Fantástico*, saímos rodando pelo país para investigar alguns casos. Primeira parada: Maranhão, terra dos Sarney, terra linda de uma casta milionária e de população pobre, alguns miseráveis. Fomos para uma cidade no interior do Estado. Quando chegamos, havia uma festa no hotel onde íamos ficar. Dá para imaginar o que aconteceu quando a equipe do *Fantástico* chegou a uma festa da alta sociedade daquela cidadezinha?

As pessoas ficaram muito curiosas sobre o que é que estávamos fazendo ali, e eu, como sempre, dei uma desculpa qualquer. Ficamos na festa e nosso informante – sempre há um –, de repente, percebeu que, entre os grã-finos locais, estava meu alvo: um corretor de São Luís, mas que também tinha base nessa cidade. Era aqui que ele escolhia as vítimas. Fomos dormir – uns acompanhados, outros sozinhos.

Na manhã seguinte, fomos até a casa de uma senhora, cujo marido – teoricamente – tinha morrido num grave acidente de automóvel. Segundo constava nos registros, a pancada teria sido tão forte, mas tão forte, que o corpo dele se dividira em dois, cortado pela lataria. Ele vinha num carro velho, o caminhão pegou, e uma daquelas lâminas acabou cortando o homem. Aí entraram com o processo do DPVAT – na época, o pagamento era de 5 mil reais por acidente.

Chegamos à casa da mulher. Família muito pobre. A gente se apresentou e a mulher ficou meio engasgada. Nessa hora a gente não pede licença, já vai entrando, porque, se pedir licença, lascou. Só é bom tomar cuidado com o cachorro, porque, se tiver cachorro, vai morder.

Entramos e começamos a conversar com ela sobre o marido, o "falecido", como ela se referia a ele, com aquele jeito típico do interior. Eu disse:

– Mas que coisa, não, minha senhora? Seu marido, logo ele, que era tão forte, morrer dessa doença – e não disse qual era a doença.

– É, foi uma pneumonia muito forte.

Aí olhei para o Faustini, e a gente logo sacou a situação. Dei corda e disse:

– Cadê a foto dele?

Ela me mostrou a carteira de identidade. Peguei e continuei:

– Pneumonia? Mas que coisa, né? E foi do dia para a noite?

– Pois é. Ele era forte, mas pegou uma friagem...

Aí eu ouvi a história inteira do marido que morreu de pneumonia. Mas, nessa altura, eu já tinha a carteira de identidade com a foto do morto e estava satisfeito. Então, perguntei:

– A senhora não recebeu um dinheirinho de alguém por conta disso?

– É, veio um cara aqui, nós fomos até São Luís e eu dei uma procuração para ele. Assinei uns papéis e ele depois me trouxe um dinheirinho.

– E quanto era o dinheirinho, minha senhora?

– 200 reais.

Caramba, o cara embolsou 4.800 reais!

– Mas por que ele lhe deu 200 reais?

– Ele disse que o hospital ia dar um pouco de dinheiro para ajudar no enterro, porque eu não tinha como enterrar. Então, a gente foi e assinou o papel.

Havia um segundo caso nessa cidade: o de um rapaz que teria sido atropelado na rodovia federal da região. Mas, nesse momento, eu e o Faustini concordamos que era melhor não ir à casa da família, e sim ao cemitério, porque em cemitério de cidade pequena o coveiro sabe tudo.

Chegamos ao cemitério e, conversando com o coveiro, perguntei:

– Cadê o livro de negócios, dos enterros?

– Está lá na minha casa.

– Dá para ir buscar?

E ele foi. Quando ele chegou com o livro, eu disse:

– Bota no ano passado. Vê no dia tal quem está enterrado – e passei a ele o dia do óbito. Para a polícia, a justiça e o cemitério, ninguém morre, entra em óbito.

E a gente descobriu que nesse cemitério, que era o que constava na certidão de óbito do rapaz, não tinha sido enterrado ninguém com aquele nome.

– E onde é que está enterrado este aqui? – perguntei, apontando para um registro do livro com a mesma data da morte e de nascimento da certidão que eu tinha em mãos e que fora apresentada para a retirada do seguro DPVAT.

– É aquele ali.

Fui até a cova:

– Esse tinha quantos anos?

– 48 anos.

O que aconteceu? Eles enterraram um cara, um indigente qualquer, e na certidão de óbito botaram o nome do outro. "E o cara que morreu, que recebeu o DPVAT, onde anda?", pensei.

– O senhor conhece um cara com esse nome? – perguntei ao coveiro, passando a ele o nome do rapaz.

– Esse nome não me é estranho. Não é filho da dona Odete?

– E quantos anos ele tem?

– O filho da dona Odete? Uns vinte e poucos.

Eu lá sabia se ele era filho da dona Odete ou da dona Elisete? Mas saímos procurando, conforme a indicação dele. Chegamos à casa da tal dona Odete, um pouco menos pobre do que a anterior, e ela, quando nos viu, ficou assustada. Dali a pouco, chegou o "defunto" andando de bicicleta. Eu encostei no cara, comecei a conversar com ele, e dali a pouco ele entregou:

– Olha, eu estava duro, sem dinheiro, me propuseram e tal, daí dei meus documentos – falou o "morto".

Agora pense nisso acontecendo no Brasil inteiro, nessas regiões do interior.

Naquela cidade, fechamos os dois casos. Mas, no meio disso, houve um episódio divertidíssimo, porque o Faustini é muito engraçado. A gente estava trabalhando com um técnico muito medroso. Ele era operador de UPJ (Unidade Portátil de Jornalismo), aquele carro usado para fazer reportagem, e também servia como motorista. E nós combinamos de assustar o cara.

Ele tinha sido motorista do Sarney, e a gente começou a dizer que ele tinha tido um caso com uma mulher lá da família do ex-presidente. Tudo mentira, brincadeira, só para ele ficar nervoso.

– Pelo amor de Deus – dizia ele –, se isso chegar aos ouvidos deles, eles mandam me matar!

E aí eu falei que só parava se ele nos ajudasse.

– Como? – perguntou ele.

– Eu tenho que gravar uma passagem num velório, para falar da troca de morto. Para falar que o morto estava vivo, ou que o morto morreu de outra coisa, que não aconteceu acidente nenhum. Mas não tem velório. Então, você vai ter que morrer.

– O quê? Não, de jeito nenhum.

– Então a gente vai falar com o Sarney.

– Mas o que é que tenho que fazer?

Fomos para uma funerária e arrumamos um caixão. E, para nossa surpresa, certidões de óbito oficiais em branco. Preenchemos uma com o nome do moço. Tudo certinho.

– Agora você deita, porque você está morto. Olha a sua certidão de morto.

– Cruz-credo, isso dá azar.

– Fica quieto, morto não fala.

Tínhamos alugado um carro, desses que vendem pamonha com o alto-falante a toda, e saímos anunciando que haveria uma gravação na funerária. Você pode imaginar o que foi, numa cidade de 2 mil habitantes, uma equipe do *Fantástico* pondo um vivo deitado num caixão de defunto, na rua principal? Juntou gente.

Começamos a gravar e, só de sacanagem, eu errava.

– Eu não estou mais aguentando sem respirar – reclamava ele.

– Para quieto, porque morto não respira e não fala.

E fiquei nisso uns cinco minutos, errando e começando de novo, e ele lá, duro, morrendo de medo.

– Tá respirando. Já viu morto respirar? Vou de novo.

Lá pelas tantas, quando juntou muita gente para olhar o que é que eu estava gravando com aquele cara morto-vivo, comecei a gravar de fato e, de repente, eu disse:

– Porque esse que está aqui no caixão era um corno, que morreu porque foi se engraçar com uma mulher da família Sarney.

Passamos a viagem ameaçando entregar a fita ao ex-presidente. A partir daí, poucas vezes vi um operador técnico tão prestativo.

Voltamos a São Luís, e, chegando lá, achamos os responsáveis pelas falcatruas.

– Seu Genário, tudo bem?

– Tudo – disse o homem meio desconfiado, sentado na saleta em cuja porta podia-se ler "Corretor". E logo embaixo: "Aceitamos casos de DPVAT".

– Olha – disse Faustini, e eu meio de costas –, eu estou aqui para lhe ajudar. Aquele ali não, ele é mau – e apontava para mim, que acompanhava pelo reflexo da porta de vidro.

– Me ajudar como?

– Sabe, o senhor está enterrando vivo, ressuscitando morto.

– Eu?

Foi aí que me virei:

– Tudo bem?

O golpista me reconheceu na hora. O rosto castigado do sol nordestino ficou ainda mais enrugado.

– Eu não fiz nada.

– Nada o quê? Nem abri minha boca.

– Você não pode entrar aqui.

– Já estou te gravando.

– Não pode gravar.

– Já estou perguntando: quem mais participou do golpe? – e não precisei contar caso a caso.

– Eu não bolei nada. Sou peixe pequeno. Ganho 600 reais para ajeitar os papéis. Quem leva a parte grossa é o Arimatéa.

Bem, para encurtar, o delegado de fraudes soube que estávamos lá – e, para fazer bonito, saiu prendendo Genário, Arimatéa e uns outros. Atrapalhou um pouco nosso trabalho.

De lá viajamos para Teresina, no Piauí, onde fomos atrás de um ex-goleiro do Flamengo, muito famoso na época em que foi titular, e que tinha feito fortuna com o golpe do DPVAT. E o mesmo se repetiu em Teresina: descobrimos um monte de golpes de mortos que estavam vivos. E o Chumbinho (apelido desse ex-goleiro no Piauí), que morava numa impressionante mansão naquela pobre cidade, fugiu – mas numa fuga espetacular.

Quando chegamos à mansão e tocamos a campainha, ele seguramente nos viu pelas câmeras de segurança. Nós nos conhecíamos do meu tempo de repórter esportivo e ele, de goleiro. O portão da mansão se abriu e uma caminhonete partiu em disparada – subindo na calçada, entrando numa contramão e desaparecendo com Chumbinho.

Mas não por muito tempo. Tempos depois, ele veio atrás de mim, na TV Globo, no Rio de Janeiro, para se defender. Devo confessar: é preciso ser muito frio para fazer uma entrevista. Porque a gente não pode se afobar. Tem que deixar o cara ir se desgastando, se desgastando... Quando, depois de quase duas horas de entrevista, ele começou a dizer que só tinha sido corretor de DPVAT umas três vezes, e que isso não passava de uma perseguição, eu abri uma pasta, tirei uns 300 cheques que ele recebeu no DPVAT e comecei: um, dois, três, quatro, cem, 105. Ele foi embranquecendo e acabou preso, logo depois da reportagem ir ao ar. O ex-goleiro passou a agarrar no time da prisão da Polícia Federal.

Para ocorrer o golpe do DPVAT, é sempre necessário que um médico assine. Levantamos que em Blumenau tinha um médico que, mesmo se alguém entrasse no consultório dele com uma dor de dente, ele perguntava: "Você quer ganhar um dinheiro?".

Fomos para Blumenau, e o Faustini, com uma microcâmera, se fez passar por doente. Ele entrou no consultório do médico e nós, da equipe, ficamos escutando o áudio do microfone sem fio no estacionamento em frente à clínica.

– Doutor, bati meu carro e estou com uma dor aqui na costela...

Tudo mentira, claro. O médico não perguntou nem onde era a dor e logo soltou:

– Você sabe o que é DPVAT?

E o Faustini, bem cínico:

– Não, senhor.

– Quando você bate o carro, você aciona o DPVAT e ganha um dinheiro. Eu lhe dou um laudo dizendo assim, assado, você me assina uma procuração e eu dou para uma pessoa, um corretor, receber. Não lhe cobro nada e ainda lhe dou 750 reais.

O Faustini olhou e disse:

– É bom, né, doutor?

– Pois é, meu filho.

Então, ele levou o Faustini, que não tinha absolutamente nada, para tirar um monte de radiografias. Por aquele laudo dele, o próximo passo para o Faustini era a eternidade. Ele arrumou todo tipo de luxação, doença, tudo. E disse:

– Não se preocupe que o sinistro do carro a gente faz aqui também. Você só me dá a placa do carro e os documentos.

– Ah, eu não tenho aqui, doutor. Mas eu trago amanhã.

O Faustini saiu. Na sequência, eu peguei uma Betacam, uma câmera comum de reportagens, e entrei. Mas entrei com aquela "delicadeza":

– Quero falar com o senhor.

Quando ele ficou assim "olho no olho" comigo, entrou numa sala e eu fui atrás. Ele ia saindo do consultório:

– Mas o que é que você quer comigo?

– Doutor, eu vou lhe dizer com toda a calma do mundo, mas o senhor me escute bem, o senhor está me escutando?

– O que é? Eu não posso dar entrevista!

– O senhor escute primeiro, mas escute bem. O senhor está envolvido num grande golpe. Eu estou acompanhando o senhor há meses – o que era mentira, não estava nada!

– Golpe de quê? Isso é uma petulância!

– Golpe de DPVAT. O senhor diz que as pessoas estão doentes e elas não estão – continuei, mas sem falar nada do Faustini.

Ele, então, começou a pedir para eu sair de lá, e eu gravando na Beta.

– Doutor, eu tenho as provas, é melhor a gente conversar.

Finalmente, ele decidiu conversar e eu casquei nele. Tradução: eu o peguei no contrapé.

Saímos de Blumenau, rumo a Florianópolis, onde estávamos hospedados. No meio do caminho, já com tudo pronto, pensei comigo: "Esse está com o registro cassado". Eu tinha o médico na microcâmera propondo o golpe ao Faustini, que não estava doente, e depois ele tremendo todo diante da Beta. Mas quando o câmera foi revisar o material, a parte em que eu tinha conversado com o médico não tinha sido gravada! Nada! A gente queria morrer. Droga! A gente já estava nessa viagem há uns 20 dias e esse era o primeiro médico que a gente tinha localizado. Os outros três médicos não encontramos, porque eles souberam e caíram fora.

Chegando a Florianópolis, com aquele desânimo, o Faustini, que é um gênio, teve uma ideia. Ele pediu para uma menina ligar para o médico, como se fosse uma secretária, dizendo que era da direção da Rede Globo. Depois ele pegou o telefone e disse:

– Doutor, aqui é o diretor de jornalismo da Rede Globo. Eu soube que o repórter Marcelo Rezende esteve aí e que foi totalmente antiético com o senhor, então estou ligando para tomar uma providência.

Imagine. Isso era tudo que o médico queria ouvir. Que o Marcelo tinha sido antiético e que a direção da Rede Globo queria corrigir o erro.

– Pois é, ele veio aqui, fez falsas acusações.

Aí o Faustini disse:

– Doutor, a situação é a seguinte. Estou falando com o senhor para, primeiro, pedir desculpas e, segundo, para dizer que eu vou mandar o repórter aí para ele fazer uma entrevista decente com o senhor e lhe pedir desculpas, porque a Rede Globo não age assim. O senhor é um homem de bem.

E o médico concordou.

No outro dia, às 10 da manhã, fui e gravei, e resolvi apimentar mais ainda a entrevista. No meio da conversa, ele olhou para mim e disse:

– Seu diretor disse que o senhor viria aqui para se desculpar, e o senhor está me apertando mais do que ontem.

– Não repare nisso, não, eu sou assim mesmo.

E arrebentamos o médico. Registro cassado.

Do sul de Santa Catarina, partimos rumo a Porto Alegre, para falar com um médico que nós sabíamos que tinha dado um grande golpe e também para visitar uma clínica que trabalhava em conluio.

Chegamos ao consultório do médico. Eu, que tenho por hábito olhar a região antes de entrar num lugar, notei que a casa ficava entre outras duas e, atrás dela, havia um terreno baldio, literalmente abandonado, com um matagal gigantesco, mais alto do que a casa.

O Faustini foi lá primeiro, com a microcâmera, se passando por doente. Entrou e, depois de um pouco de espera, a atendente o encaminhou para a sala do médico.

Dali a pouco, veio o Faustini correndo e esbaforido:

– Sujou, sujou!

– O que houve?

E ele, apavorado:

– Você não tem noção. Fui fazer negócio com o médico e, quando abri a pasta, ele percebeu alguma coisa e puxou a caneta! – disse ele, se referindo à caneta onde ficava escondida a microcâmera. – Aí ele telefonou não sei para quem e logo depois entrou um cara na sala.

A gente sempre abre a pasta para mostrar alguma coisa e poder usar a câmera, mas, nesse caso, o médico, gato escaldado, deve ter visto aquele monte de fios.

– E aí?

– O cara que entrou e está lá dentro é um coronel da Brigada Militar. Quando ele quis pegar a câmera, eu disse: "Olha, não se mete. Você não tem nada a ver com isso. É um problema meu. Se você meter a mão aqui vai dar problema".

E o coronel, sem saber se o Faustini era policial, jornalista ou qualquer outra coisa, na dúvida, não meteu a mão.

– Ah, é? Então, agora vou eu.

E lá fui eu com a Beta. O Faustini disse:

– Isso vai dar uma cagada.

– Gigante! – falei, enquanto estava indo.

Na hora em que entrei com a câmera Beta pela porta, a secretária disse:

– O doutor não está.

A gente estava na porta. Eu já tinha visto que o médico não tinha saído nem tinha por onde sair.

– Diga a ele que quero falar com ele. Eu não estou perguntando se ele está ou deixou de estar.

Nós já tínhamos todas as provas contra ele.

Aí veio o tal do coronel. Um cara magro, de cerca de 1,80 metro, com cara de policial militar mesmo, que disse, assim que me olhou:

– O senhor deseja o que aqui?

– Quem é você? – perguntei.

– Eu sou amigo do doutor Fulano de Tal – continuou ele, dizendo o nome do médico.

– E o que é que eu tenho a ver com isso?

– O senhor é muito folgado.

– A partir de agora, estou gravando e quero dizer o seguinte: comigo é jogo duro. Então, vou lhe explicar exatamente o que é que vai acontecer aqui. Eu vou gravar bem essa sua cara e botar no ar, você pode ser o que for. Não vem com história.

Porque, nessa hora, se você não tiver uma decisão, o cara bate na sua cara. E, até ele bater, tem que testar até onde vai.

– Isso é imprensa marrom.

– Se você é amigo de um sujeito que é suspeito de ser bandido, pode ser que isso lhe contamine. Eu estou gravando, não esqueça.

Ele se tocou que a situação tinha ficado feia e disse:

– Eu vou embora.

– É problema seu.

Nisso encostou um carro, um Tempra. Ele entrou, o carro saiu e eu anotei a placa. Peguei o celular e liguei para um contato de Porto Alegre, pedindo que ele levantasse a placa para mim. E o cara confirmou:

– Não existe essa placa. É placa fria.

Pensei comigo: "O cara é da P2, do serviço reservado da Brigada Militar. A placa é gelada". E eu tinha gravado a imagem do Tempra saindo. Liguei para a redação e pedi que mandassem outra equipe para lá, porque de uma coisa eu sabia: ia chover problema. E fiquei ali, sentado, aguardando o médico.

Logo a enfermeira veio:

– Olha, o doutor disse que não vai atender.

– Ué, ele apareceu? Olha, vou lhe dizer uma coisa com toda a paz de espírito. Agora são 15 horas. Quando der 17 horas, vou estar diante dessa porta, aqui na rua. Quando der 20 horas ainda vou estar ali. Quando der 5 horas da manhã, eu também vou continuar ali fora, esperando. O problema é de vocês que vão estar aqui dentro, sem poder sair. Você pode dizer que isso é coação. Mas o problema é que o dinheiro que está sumindo é do povo brasileiro. É o meu imposto e é o seu também. Avisa o doutor que eu não vou sair daqui.

Mais ou menos uma hora se passou. Ficamos dentro do carro, parados ali em frente, porque estava garoando e fazendo muito frio.

Aí o Faustini disse:

– Olha para trás.

Era um monte de caras e um carro da Brigada Militar (que corresponde à Polícia Militar). Aí veio um cara e bateu no vidro do carro. *Toc, toc, toc.*

Eu abri um dedo e meio, só uma frestinha, e disse:

– Pois não?

– O major quer falar com você.

– E quem é o major? Major de quê?

– O major da Brigada.

– Diga ao major que, se ele quiser, pode vir aqui. Estou na rua, não estou fazendo nada de mais.

Ele já estava indo quando caiu minha ficha. Eu estava falando com um pobre de um soldado, que recebera uma ordem de um oficial. Aí abri o vidro e disse:

– Espere, ô, ô, faz favor – e, quando ele voltou, eu completei: – Diz ao major que eu vou lá. Não diz mais nada não. Só diz que eu vou lá.

E fiquei olhando pelo retrovisor, o major e aquela montoeira de soldados. Esperei o sinal fechar e fui até ele, mas fui numa linha reta. Quando eu estava a uma distância de um metro mais ou menos, disse ao major:

– Quer falar comigo, major? Boa tarde.

– Ô, Marcelo, tudo bem?

– Estava bem até o senhor me fazer vir até aqui, porque está garoando e eu vou acabar me gripando neste frio. Mas vamos lá, o que é que o senhor quer comigo?

– Eu recebi a notificação de uma ocorrência.

– Olha, major, quero lhe dizer o seguinte, e vou ser prático como sou em tudo na vida. Ali dentro tem um médico protegido por vocês. E, a partir deste momento, vocês, para a minha cabeça, estão dando escolta a ele, que é bandido e eu vou provar. Já saiu daqui um coronel dessa P2 de vocês, que eu não sei que nome tem aqui, e ele já foi filmado, além do carro dele e da placa fria. Então, major, vou lhe dizer um negócio direito, um negócio de homem, como tudo o que eu faço. Fique aí e não me atrapalhe, e eu vou ficar na minha, esperando o médico sair. E quero informar o seguinte: todas as fitas que foram gravadas já estão na televisão, porque eu tinha um carro auxiliar e mandei levar todo o material. Se der algum problema com a minha equipe aqui, já tem um monte de gente identificada, pelo menos o coronel e o carro já estão no saco.

– Não, Marcelo. A informação que eu tive é que você estava aqui, com alguns policiais federais, que tinha um assalto a banco e que vocês chegaram junto com a polícia.

– Major, não tem assalto a banco nenhum e ali não tem nenhum policial federal – disse, e nisso estava chegando outro carro da RBS, que transmite a Globo por lá. – Como o senhor está vendo, tinha um carro de jornalismo nosso aqui e, agora, está chegando um segundo carro. Eu vou lhe traduzir o que isso quer dizer numa frase curta, para o senhor entender: o pau vai cantar. E quero lhe inteirar de que eu já tenho imagens gravadas de tudo. Neste momento sua imagem também está gravada, mas a fita ainda está aqui e daqui a pouquinho eu vou mandá-la para a televisão. Então, vamos fazer o seguinte: o senhor não tem nada a ver com isso. Tinha um coronel lá dentro que, se fosse esperto, não tinha se metido onde não foi chamado. Se ele quis se meter, problema dele. Avisa o coronel que, para mim, ele não existiu. Se ele me esquecer, vou esquecê-lo e continuar fazendo meu trabalho. Meu negócio é o médico, não o coronel. Se fosse o contrário, se o coronel fosse o jornalista e eu fosse o coronel amigo do médico, eu também ia tentar dar uma carteirada para ver se, com essa chave de galão, eu virava o jogo. Só que ele se enganou e estacionou o carro dele na vaga errada, bem em cima do meu carro. Então diz para ele ficar tranquilo, que eu vou me esquecer dele, e espero que vocês não me encham a paciência, para eu poder trabalhar sossegado, pois eu tenho que estar concentrado no médico.

– Bem, Marcelo, nós já estamos indo embora. Eu vou deixar só um carro aqui, para qualquer coisa, se der confusão.

– O senhor pode deixar seu comando aqui que, para mim, não tem a menor importância. Daqui a pouco, os policiais que ficarem aqui vão virar meus amigos, porque eu sou um cara cordato, decente. Mas não é nada decente um médico ficar ganhando dinheiro dessa maneira, que eu não vou lhe dizer qual é, porque, no fundo, no fundo, o senhor sabe.

– Não, não sei de nada, não.

– Não sabe? Então, vai saber em breve.

Ele foi embora, e os soldados que ficaram lá vieram, depois, comer do lanche que eu tinha mandado comprar porque nem comida mandaram para os pobres.

O tempo foi passando. O médico não acreditou na minha palavra, que eu não ia mesmo sair dali. Deu 11 e pouco da noite e o vigia, uma espécie de funcionário de segurança da clínica, saiu.

Tinha uma dessas lojas de conveniência de posto de gasolina ali perto e ele saiu para comprar comida, porque lá dentro eles também estavam com fome. Eu encostei no segurança e disse:

– Estou te filmando.

– Porra, Marcelo, não faz isso, não tenho nada a ver com essa história.

– Eu sei. Então vai lá e diz para o médico que já vai dar quase meia-noite e eu vou continuar aqui. E diz também que eu vim filmar você e que não deu para comprar nada.

Pensei: "Vou matar o médico de fome. Uma hora ele vai ter que sair dali".

Uma da manhã, duas da manhã, um frio danado e a gente lá. Ninguém saía. Nem os pacientes que estavam lá, porque era tudo golpe. Aí veio a enfermeira e disse:

– O doutor quer fazer uma proposta.

– Eu não faço acordo. Ou ele me recebe, ou me recebe. Porque ele quebrou o cabo da microcâmera e isso não é meu, é da Rede Globo. Eu vou ter que me explicar e não quero saber. Ou ele fala comigo ou vai ter que ficar morando aí e eu aqui. Uma hora vocês vão ter que sair. Vocês estão com pressa de ir para casa? Pois eu não estou com pressa nenhuma. Já estou há 20 dias fora de casa, ficar mais dez dá no mesmo.

O médico não podia ser substituído, mas nós podíamos nos substituir. Ficava o Faustini um pouco e eu ia ao banheiro. Depois eu ficava e ele ia, e assim foi indo. Eu dizia:

– Ele não vai aguentar mais; não vai ficar outra noite aí dentro e a gente aqui fora aguenta.

Mas o cansaço foi batendo. Duas e pouco da madrugada e voltou a mulher:

– O doutor quer fazer uma proposta de acordo.

– Qual é a proposta?

– Ele recebe vocês amanhã de manhã, na casa dele.

Eu sabia o endereço, mas eu tenho por ética não ir à casa do cara primeiro, porque pode ter criança, mulher. Isso para mim é uma regra: o cara é o cara. Mas a família do cara a gente tem sempre que preservar.

– E o que é que ele quer?

– Quer receber você às 10 da manhã.

– Olha, diz para ele que eu já tenho imagem dele. Se ele fugir, vai ser pior. E diga que eu vou deixar uma câmera aqui – disse, apontando para uma obra ali perto, um prédio em construção. – Eu tenho uma câmera lá naquele prédio. Quando ele sair, a câmera vai estar filmando. Como já tenho a imagem gravada dele lá dentro, se ele não me receber amanhã, vou colocar no ar que ele fugiu, e isso vai ser pior do que ele se explicar para mim. Mas me dá o endereço dele.

A mulher deu e conferia com o que eu já tinha. Podia ser que ele estivesse falando a verdade, sei lá, eu tive que esperar para ver.

No outro dia de manhã, às 10 horas, lá fomos nós. Na equipe: eu, o Faustini, o operador, um cinegrafista e uma quinta pessoa que, teoricamente, ajudaria na iluminação. A casa do homem era uma casa de centro de terreno, bonita, com um jardim grande.

Entramos. O médico, que eu já sabia quem era, porque já tinha visto a imagem dele na gravação que o Faustini tinha feito com a microcâmera, morava sozinho com a mãe, uma senhora que só apareceu depois. Ele devia ter raciocinado da seguinte maneira: eu vou desfazer o mal-entendido de ontem. Vou ser simpático e explicar que não é nada disso.

Começamos a conversar e estavam lá o nosso operador, o cinegrafista, o Faustini, eu e o quinto cara para ajudar a mexer no material.

No meio da conversa com o médico, peguei um papel. Era um atestado médico, um entre os vários que tinham determinado o pagamento de 5 mil reais do DPVAT. Eu disse:

– Doutor, essa assinatura é sua?

– É.

– O senhor me faz uma gentileza? Olhe bem para o senhor não ter dúvida. Qualquer pergunta, o senhor me diz.

– Não. A assinatura é minha, sim.

– O senhor tem certeza?

– Tenho.

E eu gravando tudo aquilo.

– Então deixa eu lhe fazer uma pergunta. Aqui diz que Carlos Rodrigues de Jesus, que eu não sei nem quem é, perdeu uma perna, teve a arcada dentária totalmente destruída, sofreu perda de massa encefálica e ficou com um buraco na cabeça, é isso?

– É.

– O senhor leu bem direitinho para ver se é isso mesmo?

– É. Exatamente isso.

– O senhor se lembra desse caso?

– Bem, são dezenas de casos. Mas deste aqui eu me lembro bem, porque o rapaz ficou em petição de miséria.

Aí eu olhei o papel e fiquei quieto. Eu dou sempre um intervalinho para ver aonde o cara vai.

– Doutor, vou repetir tudo. Essa assinatura é sua.

– É, já falei que sim, Marcelo.

– E esse é o diagnóstico que o senhor lembra, certo? Doutor, o senhor está me vendo fisicamente bem?

– Estou.

– À primeira vista, o senhor está vendo algum mal em mim?

– Não.

– Por exemplo, esse rapaz que está aqui iluminando. Vem cá, pode parar de iluminar um pouco e vem, fica aqui e dá um pulo – disse, e nisso o cara pulou. – Doutor, ele está pulando bem, não está?

– Está.

– Então ele está mais ou menos como eu.

– Certo.

– Então, como o senhor vê, ele tem pernas, senão não estaria pulando.

– Isso é verdade. Mas onde é que você quer chegar?

– Espera um pouquinho. Amigo, sorria.

E o cara sorriu.

– Cara, o que você tem é o quê? Dentes normais como os meus ou dentadura?

E ele disse:

– Dente normal.

– Os meus também, doutor. Eu e ele temos dentes normais. Mas caiu um troço na minha cabeça e eu tenho uma cicatriz. Agora, amigo, mostre a sua cabeça para o doutor.

E ele mostrou.

– Na cabeça dele não tem nada, não é, doutor?

– Não.

– Doutor, eu vou ler aqui para o senhor: Carlos Rodrigues de Jesus, RG tal, segundo o senhor, perdeu a perna esquerda, teve perda de massa encefálica, ficou com um buraco na cabeça e, ainda segundo o senhor, perdeu todos os dentes. Não é isso, doutor?

– É.

– O senhor está me vendo bem, não é, doutor? E o rapaz aqui, nosso auxiliar, também, né?

– Sim.

Aí eu perguntei para o rapaz:

– Rapaz, qual é o seu nome?

– Carlos Rodrigues de Jesus.

– E qual é o número do seu RG?

– Tal, tal, tal, tal, tal.

– Vê se esse RG e esse CPF são seus.

– São.

– Você alguma vez foi atendido por este médico?

– Fui.

– E o que é que você teve?

– Eu tive uma luxação no joelho.

– E você está me dizendo que esse Carlos Rodrigues que está aqui, com todas essas sequelas, é você?

– É, pelo RG e CPF, é.

O médico foi ficando branco, quase desmaiando, e eu disse:

– Doutor, este aqui é este aqui.

– Não pode ser.

Logo depois, o C.R.M. dele foi cassado.

Como se vê, às vezes é preciso blefar um pouco. Às vezes é preciso até extrapolar e se tornar mais enfático e contundente, porque essas são as maneiras com que se vai acuando os bichos.

Eu fico imaginando como é que um médico, que estudou tanto tempo, é capaz de resolver ganhar a vida usando um rapaz como aquele. E como ele usou? Ele pegou a ficha do rapaz, porque ele realmente o atendeu por conta de uma luxação no joelho, causada por uma batida de carro. Para ser atendido, o rapaz apresentou os documentos e assinou um papel. A batida aconteceu de fato, só que o médico preencheu o laudo depois. Era assim que o golpe era feito: os laudos eram preenchidos *a posteriori*, e não simultaneamente, e, assim, o doutor ia fazendo a sua fortuna. Ele e outros.

Na época, isso deu uma grande confusão, mas o que eu acho interessante é a mecânica de como se pega os caras. Porque o médico nunca iria supor que aquele rapaz que estava ali na frente dele era o mesmo do laudo. Ele já tinha dado o golpe tantas vezes que já não lembrava mais quem era quem...

O chato é que com esse tipo de bandido sempre acontece o seguinte: até ser preso, ele já deu um monte de golpes. E só vai para a cadeia cedo se tiver muita falta de sorte.

Esse doutor não foi preso. Só bem depois é que teve o registro cassado. Ele me ligaria no ano seguinte: o golpe era muito maior e envolvia gente bem mais graúda, disse ele. Mas essa já é outra história.

- 5 -

A guerra do fim do mundo

"Recuar no tempo certo, avançar na hora adequada."

Em 1996, a TV Globo estava instalada no bairro da Barra Funda, em São Paulo. Era um prédio horroroso, bem pequeno, mas, talvez até pelo espaço físico, a equipe era extremamente unida.

Um dia, o Amauri Soares, na época editor do *Jornal Nacional*, e hoje diretor dos grandes da Globo, estava lá esperando chegar matéria. Eu estava voltando de uma viagem, começamos a conversar e ele disse assim:

– Marcelo, você já viu essa notinha aqui do jornal?

– Não.

Era um jornal do interior de São Paulo, de Presidente Prudente. A nota não tinha nem cinco centímetros e dizia que o líder do Movimento dos Trabalhadores Sem Terra, José Rainha, tinha ocupado uma fazenda.

Naquele momento, nós não conhecíamos o Movimento dos Sem Terra. E, tirando talvez o Rio Grande do Sul, onde o movimento tinha alguma repercussão, o Brasil também não sabia muita coisa a respeito deles.

Li aquela notinha e ainda brinquei com o Amauri:

– Que nome esquisito, não? Zé Rainha.

– Por que você não vê isso, Marcelo?

– Mas será que esse cara sai por aí e fica invadindo terra?

– É, parece esquisito.

Não se tinha informação do que era aquilo ao certo. Porém, depois de ler e reler a nota, achei que deveria viajar até o interior para conhecer o tal José Rainha.

Cheguei para o meu chefe, o Paulo Roberto Leandro, e disse:

– Olha, vou dar um pulo em Presidente Prudente, pois tem um negócio de invasão de terra. Não sei bem do que se trata, porque, até agora, só ouvi falar disso lá no Rio Grande do Sul.

– Então vai lá e vê o que é.

Chegando a Presidente Prudente, fiz uns contatos e marquei um encontro com o líder do MST. Sentei numa churrascaria e, dali a pouco, apareceu um cara com 1,80 metro, magrinho, barba rala, com uma pastinha de executivo embaixo do braço:

– Muito prazer, eu sou o Zé Rainha.

Ele estava com outro que não lembro o nome. Antes desse encontro, tinham me informado que o MST havia montado um acampamento e começado a invadir uns lotes no Pontal do Paranapanema. Ninguém sabia o que era o Movimento, muito menos eu:

– Vem cá, eu queria saber o que é esse negócio de Movimento dos Sem Terra.

E ele foi explicando, mas com um medo lascado da TV Globo.

– E como vocês fazem?

– A gente reúne um povo, acha uma fazenda improdutiva e invade.

– Mas invade como?

– A gente corta a cerca e entra.

– E nego não cata vocês à bala, não?
– Às vezes. Mas a gente invade com muita gente.
– Muita gente é quanto? Cem, duzentas pessoas?
– Não, 5 mil.
Aí meu olho arregalou.
– 5 mil? Tem jeito de eu invadir com vocês?
– Não sei.
– Ué, por que não sabe?
– Você trabalha na TV Globo... – respondeu ele, e esculhambou a emissora, que era isso, que era aquilo.
Aí eu disse:
– Ô, campeão, deixa eu lhe explicar uma coisa. Você não me conhece, então agora acabou a conversa. Eu vou ser prático com você. Meu negócio é de palavra. Se eu estou dizendo que vou contar a história, o que eu gravar é o que eu vou contar. Graças a Deus, eu tenho autonomia para lhe dizer isso. E não vou esculhambar o movimento de vocês, vou contar o que é. É pegar ou largar.
E ele disse:
– Não, isso é um perigo, pode desvirtuar.
Mas eu tinha um trunfo guardado.
– Rapaz, você não põe esse movimento em pé se a classe média não ficar a favor. E quem fala com a classe média não são vocês, sou eu. Se eu estou dizendo que vou ser justo, correto, é porque eu vou ser.
– É, mas a gente te conhece da televisão.
– Só que, agora, eu não estou na televisão. Agora a gente está conversando igual a homem. Eu vou embora, mas antes me diz quantos dias você quer para que eu ligue para você, para a gente conversar se é bola ou bule.
– Me liga daqui a dois dias.
– Perfeitamente.
Acabamos de comer e fomos embora, e eu voltei para São Paulo. Fiquei numa sofreguidão lascada. Eu pensava: "Se eu faço uma invasão com 5 mil pessoas, o que será que vai dar isso?".

Depois de dois dias, conforme combinado, liguei, e ele disse:

– Vem pra cá, pra gente conversar de novo.

Tomei um avião e fui para um novo encontro.

– Marcelo, eu consultei a direção nacional do movimento e a gente acredita em você.

– Legal, então como é que vai ser?

– Vamos fazer uma invasão daqui a uma semana. Você pode ficar e filmar tudo.

– Então vou voltar a São Paulo, arrumar as minhas coisas e venho para cá.

Cheguei para a direção da Globo e disse:

– Olha, isso é uma confusão monstruosa. Pelo que eu estou farejando, vai ser um negócio grande.

O Alberico de Sousa Cruz, que era o diretor, concordou, e ficou tudo certo.

Lá fui eu para o Pontal.

Quando cheguei, notei que eles já tinham tomado conta de uma fazenda, onde era a sede. Mas vi que havia apenas umas 50 pessoas. Aí pensei: "Acho que isso não vinga!".

Mas aí o Zé Rainha, que foi muito correto comigo, passou a ter confiança em mim:

– Vem, que eu vou mostrar onde é que a gente vai invadir. A terra é improdutiva, não tem nada, é uma fazenda gigantesca.

E a gente filmou a fazenda. A invasão seria de sexta para sábado.

No meio dos sem-terra, eu estava com um medo lascado de que algum outro jornalista ficasse sabendo da história. E eu dizia:

– Ô, Zé, quantas pessoas vão ter nisso?

– Umas 5 mil!

– Mas Zé, como é que você vai deslocar 5 mil pessoas?

– Pode deixar comigo.

No início realmente não apareceram 5 mil, mas, sim, umas 3 mil pessoas. De qualquer modo, era gente a dar com pau. Só que quando começou a dar 11h30, meia-noite, eu nem podia acreditar na quantidade de gente que começou a chegar de caminhão, de ônibus... Minha Nossa Senhora!

E o forró correndo solto na sede da fazenda, com toda aquela gente... A imagem gravada é impressionante, é como se mais da metade da Avenida Paulista estivesse tomada de gente. E aquilo foi tudo feito em silêncio – a polícia não viu –, numa organização impressionante. Chegava um caminhão, dali a pouco outro, depois outro, e mais outro, e mais outro, e quando juntou aquilo tudo eu não queria acreditar, de tanta gente. E nós íamos filmando, entrevistando, com a maior liberdade. O Brasil não conhecia nada daquele mundo, nem eu.

De repente, quando o dia estava clareando, aquele cara magrinho, para quem você não daria nada se cruzasse com ele, só deu uma voz de comando: "Vamos".

Saiu aquela fila de peão, aquele monte de gente, e, em um segundo, eles derrubaram tudo quanto era cerca e montaram as barracas. Aquilo foi surgindo assim e, quando parei para ver, pensei: "Não acredito que isso exista!".

Eu tinha combinado com a Globo que, se a invasão desse certo, só tinha um jeito: ou eles colocavam um helicóptero ou um avião à minha disposição. E a decisão foi de que um helicóptero iria me buscar no local.

Era fácil. Era só ir até o Pontal, perto de uma cidade chamada Teodoro Sampaio, sobrevoar ali e ver um monte de gente invadindo um pedaço de terra.

O helicóptero me pegou e eu trouxe o material sobre o Movimento dos Sem Terra. Uma semana de material gravado. Eles deixaram filmar tudo: as reuniões, os encontros que aconteciam à noite, a estratégia de como eles iam invadir e distribuir, qual era a área, como eles iam botar segurança... Filmei também a escolinha para as crianças do movimento e mostrei como eles educavam. Além de aritmética, as crianças aprendiam sobre consciência política. Os livros continham ensinamentos marxistas. É uma coisa primária e já um pouco retrógrada, na minha opinião, mas, ao mesmo tempo, dava um sentido coletivo. A divisão de bens tem um lado muito bonito, da coisa igualitária, e tudo isso seria mostrado na TV pela primeira vez.

Cheguei a São Paulo numa excitação gigante. A gente colocou no *Jornal Nacional* uma grande reportagem, de seis ou sete minutos, apresentando o MST ao Brasil. Aquilo chocou.

Depois disso, convivi quase uns seis meses com os sem-terra. Para isso, passei a morar num hotel em Presidente Prudente.

Mas, pelo que eu percebia, as coisas iam pouco a pouco se encaminhando para um confronto. Um dia, fui procurado pelos fazendeiros:

– Você só mostra o lado dos sem-terra e não mostra o nosso.

– Mas o que é que eu tenho para mostrar de vocês?

– A gente vai defender nossa propriedade. Nós vamos defender nem que seja à bala.

– Como é que é defender nem que seja à bala?

– A gente vai botar segurança armada.

Aí eu senti o que estava por acontecer.

– Você está querendo me dizer que já tem armas suficientes para enfrentar os sem-terra?

– A gente tem!

– Então, eu quero filmar. Como fazemos?

Eles queriam mostrar que estavam armados para acuar os caras.

– Só tem um jeito.

– Qual é?

– Nossa cara não pode aparecer. A gente mostra as armas, e um dos nossos líderes grava a entrevista. Afinal, a gente também tem líder. Mas você não pode mostrar a cara do líder e tem que distorcer a voz, senão a gente vai preso.

– Por que preso?

– Porque é tudo arma trazida de fora. Contrabando.

– Fechado.

Fui para uma fazenda que sei que fica dentro do Pontal, mas não tenho a menor noção de como chegar lá. Na época já era complicado achar o local, de tão gigante, hoje, então, eu não saberia chegar de jeito nenhum.

Eram três caminhonetes. Todas deles. Nosso carro ficou na cidade. Os caras andaram, andaram, andaram e, finalmente, chegamos. Levamos mais ou menos umas duas horas dando voltas. Aí eles meteram as armas em cima da mesa. Era metralhadora pra burro, tipo AK-47, escopeta calibre 12, fuzil, submetralhadora AR-15. Quando eu olhei todas aquelas armas, pensei: "Isso vai dar um problema do tamanho de um bonde", mas fiquei quieto e gravei. O cara que deu a entrevista fez também uma exibição de tiro.

Aí montei a matéria e pus no ar: "Fazendeiros do Pontal se armam para enfrentar os sem-terra".

O advogado Nelson Jobim, na época ministro da Justiça, soltou a boca, dizendo que eu não podia mostrar aquilo, que era um absurdo. E eu sentei a boca no ministro, dizendo que o que ele tinha que fazer era cuidar da proteção das pessoas, em vez de se meter no meu trabalho, porque eu não me metia no dele.

Numa manhã em que os sem-terra foram invadir uma fazenda, houve o primeiro confronto. As terras ficavam à beira da rodovia que levava à cidade de Teodoro Sampaio, onde estava a sede do MST e morava José Rainha. Os empregados da fazenda passaram chumbo, e a gente lá no meio. Os jagunços davam tiro de lá, e de cá ninguém recuava. Eles iam e voltavam e a gente ia e voltava com a câmera.

O dia começou crivado de balas. Os sem-terra se jogaram num córrego seco entre a pista e a cerca da fazenda. O lado de cá também carregava armas: duas espingardas calibre 22 e um revólver 32, mas velho, tão velho, que devia receber aposentadoria por tempo de serviço. O tiro cantava, crianças choravam, mulheres berravam e os homens ganhavam terreno aos poucos. Mas ainda não seria dessa vez que a fazenda seria invadida: uma rajada de metralhadora, dada para o alto pelos de lá, alimentou o bom senso de recuar.

Um dos segredos da vida é saber recuar no tempo certo, para avançar na hora adequada. Um ano depois, a fazenda seria conquistada pelo MST.

Aquela rajada de metralhadora marcaria o acirramento do conflito no Pontal. E eu comecei a ficar num enrosco. Havia duas partes tentando me atrair: os sem-terra – que nunca tinham tido tanta exposição – e os fazendeiros. Nessa hora tem que ter muita tranquilidade, muito equilíbrio, porque só tem um jeito de se guiar, como em tudo na vida: unicamente pela verdade. Descobriu, põe no ar. É o único jeito de ser respeitado por todos.

Soube que alguns sem-terra estavam vendendo as áreas invadidas e depois regularizadas pelo governo de São Paulo. *Jornal Nacional*: "Os sem-terra estão vendendo o que foi conquistado". Um monte de vagabundo, que não tinha nada a ver com a essência do movimento, começou a entrar na invasão, a pegar o lote e vender. Foi um erro estratégico do Zé Rainha: saiu recrutando gente de todo tipo – desempregado, desocupado, malandro. O negócio agora era fazer número, inchar.

Eu fiquei lidando com o MST durante quase um ano – houve alguns confrontos feios, houve momentos de calmaria. As imagens dos sem-terra ficaram gravadas na minha mente para sempre. Não é fácil morar naquelas barracas de plástico preto com um calor de 40 graus, comida regrada, água arrancada de poços improvisados. Lembro-me de um som, ou melhor, de dois: o grito de desespero de uma mãe, enquanto o pai clamava a Deus a vida do filho. O menino, de menos de um ano, acordara de madrugada com febre e vômito: não deu tempo de levá-lo ao hospital.

Zé Rainha ganhou expressão nacional, e o Movimento dos Sem Terra também. Esse foi, talvez, um dos momentos mais interessantes que vivi nesses muitos anos de profissão: eu estava nadando contra a corrente, contra a elite proprietária de terras. E a TV Globo, cujos donos tinham terras e fazendas, democraticamente colocou no ar uma coisa que eu banquei no escuro, porque, ao conversar com José Rainha, eu também estava desconfiado de que não ia dar certo.

Sabe a mulher que perdeu o filho? Meses depois ela estava grávida. Sabe de quem? Essa é outra história.

\- 6 -

Tortura e morte na Favela Naval

"Onde a lei termina começa a tirania."

Um ano se passara – volta e meia encontrava o José Rainha em São Paulo, sempre com sua pastinha de executivo encardida debaixo do braço. Mas, naquele dia, não fui a seu encontro. Estava lendo vários artigos sobre maternidade na adolescência. Jovens grávidas com 12, 13 anos. A questão é que toda vez que eu lia alguma coisa sobre isso eu pensava: "Essa visão é muito preconceituosa, porque contempla a maternidade, mas nunca menciona a paternidade na adolescência".

Eu estava precisando descansar do crime. Vez por outra inventava um assunto qualquer para dar um tempo. Uma vez sugeri um *Globo Repórter* sobre a magia do circo. O encantamento que circos grandes e pequenos ainda traziam para a vida de crianças e adultos. Meu chefe não parecia convencido. Jornalista adora números, e eu servi um prato completo: tantos milhões de pessoas, segundo a Associação dos

Artistas de Circo, sei lá se era isso mesmo, vão ao circo todos os anos. No Norte e Nordeste, tantos milhões. Tudo chute. A estatística tinha impressionado; afinal, se tanta gente ia ao circo, claro que boa parte nos daria audiência na tradicional sexta-feira do *Globo Repórter*.

– Boa, Marcelo. Pode fazer.

Mas agora eu pensava na gravidez ainda na adolescência. No pensamento eu tinha sempre esse contraste extremamente grande. A menina vai ficar ao lado daquele filho pelo resto da vida, e ele pode até se tornar um grande amigo ou amiga dela. Mas o pai jovem não se liga nisso, e nem sempre cria esse vínculo afetivo com a criança.

Descobri que numa universidade em Fortaleza uma professora fazia um trabalho muito interessante sobre o assunto. Cismei com esse contraste da menina-mãe e do menino-pai, e criaria os mundos paralelos.

Eu me dividia muito entre Rio e São Paulo, tinha uma casa em cada cidade. Como ia viajar muito cedo para Fortaleza, já estava no meu apartamento no Rio e, por volta das 10 horas da noite, tinha ido dormir. Fazia calor, e eu, até hoje, gosto de dormir no chão – isso mesmo, um lençol no chão e lá vou eu para o mundo dos sonhos. Deve ser herança do meu tetravô índio. Estava deitado no chão de mármore da sala, com o janelão aberto – entrava uma brisa fresca do mar com o seu inconfundível aroma de sal e iodo. E o barulho manso das ondas batendo na areia.

De repente, o telefone tocou. Eram umas 10h30 da noite e eu me assustei, porque quase ninguém tinha aquele número. Atendi e era um homem – não posso revelar o nome – que me dava muita informação, e nós já tínhamos feito uma reportagem juntos.

– Marcelo, é Fulano!

– Ô, rapaz, tudo bom?

– Tudo certo! Marcelo, eu tenho uma bomba para você. Você está em São Paulo?

– Não, estou no Rio.

– Tenho uma bomba.

– Então, detona amanhã, porque agora eu estou dormindo.

– Porra, Marcelo, é um negócio espetacular.

– Ô, rapaz, vamos falar amanhã. Eu tenho que viajar cedo, eu vou a Fortaleza.

– Não, você não vai para Fortaleza, não. Quando você souber, vai querer ficar aqui.

– Ah, me deixa dormir, porra.

– Não, você precisa me ouvir.

– Vamos fazer o seguinte, vai me contando que eu vou dormindo. Se for bom, eu acordo.

– Marcelo, você é folgado, isso é coisa de carioca mesmo.

Ele começou a contar e eu fui acordando. Já estava sentado quando perguntei:

– Contaram para você que essa fita existe? Você já viu a fita?

– Eu estou te contando e estou com a fita no meu videocassete.

Ainda era o tempo do videocassete.

Assim começava a história da Favela Naval de Diadema.

– Pelo amor de Deus! Você tem a fita de todo esse povo da PM dando tiro, matando, dando porrada?

– Viu como você acordou? E aí?

– Rapaz, eu quero ver a fita! Você deve estar valorizando essa história. Vou fazer o seguinte: vou pegar um cara, que é dos meus, e pedir para ele ir até aí ver a fita.

– Você está maluco. Aqui não entra ninguém. Não pode, por questão de segurança.

Deixei o cara gastar a pilha e disse:

– Mas o cara é de minha confiança, além de sempre esquecer das coisas (ele realmente era um mau fisionomista). Ele não vai se lembrar nem do endereço, imagine da sua cara.

Foi quase uma hora de negociação pelo telefone. Tanto fiz, tanto fiz que ele disse:

– Está bom! Mas eu vou dar uma geral no cara de ponta-cabeça, certo?

– Não tem problema, meu garoto.

Em seguida, liguei para o Luiz Malavolta, chefe de reportagem da Globo em São Paulo. Ele iria ver a fita. Depois liguei para o Carlos Schroder, então diretor de produção do jornalismo, hoje diretor-geral da Globo. Expliquei o assunto e ele foi consultar Evandro Carlos de Andrade, o chefão da CGJ (Central Globo de Jornalismo) e homem de raro faro para a notícia – além, e isso o envaidecia, de ter um texto exemplar. Falarei mais do Evandro adiante.

Eles estavam no meio de uma solenidade. Dali a pouco o Schroder me chama:

– Evandro mandou você fazer do seu jeito. Me liga assim que tiver uma posição do Malavolta.

– Pois é. Se der bingo eu vou cancelar essa viagem para Fortaleza (que, por sinal, não fiz até hoje) e vou ver o que é isso. Fechado?

– Faz do seu jeito.

Aí liguei de novo para o Malavolta.

– Mala, já falei com os "homens". Você tem que ir a um lugar assim, assado.

– Porra, Marcelo, mas isso é uma fria.

– Pois é, se não fosse fria, eu ia mandar outro! Você vai chegar lá e tomar um arrocho. Fica relaxado. Não vai acontecer nada. O negócio é só para fazer um pouco de pressão.

E lá foi o Malavolta, na mesma hora, para um bairro da zona leste de São Paulo, que eu não vou dizer o nome, porque pode dar cadeia até hoje. Era madrugada e eu esperando e querendo dormir mais um pouco, mas não dava, porque a cabeça era uma angústia só. Eu estava naquela ansiedade misturada com angústia quando o Mala finalmente me ligou.

– Rapaz, isso aqui é bom demais!

– Mas não fala isso na frente do cara – disse, imediatamente, mas aí só escutei o cara atrás dando a maior gargalhada. Pensei: "É agora que isso vai demorar mais um ano para se negociar".

Aí eu disse:

– Então é bom, é?

– Isso é dez!

– Então me passa esse malandro aí.

O cara:

– Eu não te falei, Marcelo?

– Está com moral, né? Vou fazer o seguinte: vou cancelar a viagem para Fortaleza e a gente se encontra amanhã, lá pela hora do almoço, porque eu tenho que sair aqui do Rio, está bom?

– Está tudo certo!

– Então, te encontro na tua casa.

Cheguei a São Paulo e a primeira ideia foi arrumar um carro da Globo descaracterizado (quase sempre eu andava em carro descaracterizado). Depois, pensei: "Não, o motorista vai e fica sabendo. Melhor tomar um táxi".

Quando cheguei ao lugar, entrei na casa do cara e a mulher dele estava me esperando.

– Oi, tudo bem, Marcelo?

– Tudo bem, mas cadê o seu marido?

– Ele já está chegando.

Dali a pouco chega o cara todo animado:

– Oi, Marcelo!

– "Oi, Marcelo" nada, deixa eu ver a tal da fita.

Quando ele pegou a fita para me mostrar, a droga do videocassete quebrou.

– Eu não acredito, isso está parecendo filme – eu falei.

– Pô, eu vou ali e...

– Não, não vai ali nada. Arruma um aparelho num vizinho qualquer, mas não vai você não, deixa a sua mulher ir.

A mulher foi e arrumou um aparelho. Botamos a fita. Eu olhei, olhei e olhei a fita, vi de novo e tudo sem mostrar reação, porque eu sou assim mesmo: quanto mais complicada a situação, mais eu fico na minha. Estava tudo ali: policiais extorquindo dinheiro das pessoas, atirando, ameaçando, espancando – e matando, eu descobriria depois...

– Gostou?

– Gostei! Mas vamos ser práticos: quanto é que isso vai me custar?

– A gente precisa de um dinheiro para uma ajuda de custo, porque a gente gastou tempo, gastou fita, gastou isso, gastou aquilo.

– Rapaz, não precisa fazer muita história, não.

– Eu quero 50 mil!

– Nem pensar.

Não lembro mais quanto custou, só sei que, depois de muitas voltas no assunto, eu botei um diretor da Globo para conversar com o cara. Acho que a fita saiu por 5 mil, que era o custo do cara que filmou, mais isso e mais aquilo. Depois que estava tudo acertado, ele foi e me entregou a fita.

– Está me entregando isso para quê? – perguntei.

– Já está tudo certo, você leva a fita.

Eu tinha feito um trato com ele. Eu teria uma semana para investigar a fita, porque aquilo podia ser um cenário, podia ser tudo montado, e aí arrebentava com a reputação da TV Globo, e com a minha também.

Aí ele disse:

– Ué, o que é que houve?

– Você acha que eu sou babaca? Você acha que alguém vai filmar uma porra dessa em preto e branco? Eu quero a fita colorida. Nós estamos acertados e nosso acerto é de palavra. Mas, no acerto de palavra, eu quero a fita colorida.

– Porra, mas para pegar a fita...

– Eu não vou sair daqui sem a fita colorida, esquece.

– Mas você é enjoado mesmo!

– Eu quero a fita colorida.

– Então, espera aqui!

– Está bem, mas essa sua mulher sabe fazer café? Porque eu estou sem dormir e com fome.

A mulher dele fez café e eu fiquei esperando uns 40 minutos, até ele chegar com outra fita na mão.

– Toma a colorida – disse ele, e já pegou a preto e branco da minha mão.

– Me dá a preto e branco também. Porque daqui a pouco vocês fazem uma cópia, vendem ou dão para alguém e eu ó... Dá tudo aqui! – eu disse.

E eles tinham mesmo uma informação, porque vagabundo é ligeiro. Eles só são presos por um único motivo: a lei da probabilidade. Da mesma maneira que a gente bate o carro: de tanto usar, uma hora bate. Imagina assaltar três, quatro vezes por semana, uma hora dá errado. É só por isso que os caras são presos, não porque são otários, não. É pela lei da probabilidade, é matemática.

A informação que eles tinham era de que uma fita dessa tinha vazado para a PM. Aí eu pensei: "A PM não vai querer expor isso. Vai fazer uma investigação interna, resolver o problema dela e deixar tudo quieto. Desse mal eu não morro".

– Quantas cópias mais eles tiraram? Você sabe?

Ele não sabia, então, pensei: "eu não posso botar a fita no ar sem fazer uma investigação de quem é quem".

Cheguei à Globo e disse:

– Ó, estou com a fita.

– Vamos pôr no ar.

– Não! Primeiro vou investigar.

– E se isso vazar?

– É a regra do jogo! – comentei.

Levei aquela fita para casa e vi umas 30 vezes, com calma, em câmera lenta. No dia seguinte, cheguei na Globo:

– Amauri [Amauri Soares, nessa época tinha virado diretor de São Paulo], eu não tenho condições de apurar isso sozinho. É muito trabalho.

– Monta a equipe que você quiser.

E nós montamos uma equipe de 13 pessoas (até o número era bom, número cabalístico). Reuni todos em uma sala e tranquei a porta:

– Olha, vou mostrar uma coisa para vocês que não pode vazar, porque se vazar, se alguém comentar com a mulher, com a tia, com o cachorro, acabou. Isso vaza em dois minutos. Vamos sair desta sala e falar "Estamos fazendo um trabalho", mesmo para o companheiro mais amigo, ok?

Disparei a fita, que tinha uns 40 minutos de duração, mais ou menos, e saí da sala. Deixei o povo lá vendo. Eles olharam, olharam, olharam e, quando eu voltei, estava todo mundo com o olho arregalado.

– Nós temos que investigar – eu falei. – Eu tenho uma saída razoável para chegar até essas pessoas.

Eu sabia que era em Diadema, cidade da Grande São Paulo, e que era na Favela Naval, mas não dava para ir até a favela e sair perguntando, que nem pateta.

– A solução é a seguinte: aparecem alguns carros na fita, e todos eles têm placas. Nós vamos levantar quem são os donos dos carros. Carro velho, no estado em que estão esses daí, o cara vende no campo de futebol. Uma hora o dono é o cara da barraca, outra hora é o goleiro do time, outra hora é o seu João do outro quarteirão que recebeu a aposentadoria... Carro velho não é vendido para longe. Um desses nós vamos achar, está na cara.

Dois jornalistas da equipe são brilhantes – o repórter Valmir Salaro e o produtor Robinson Cerantula, os dois até hoje na Globo. Eles se encarregariam primeiro de um levantamento no Detran.

Por uma das placas, levantamos o dono do carro de uma cena em que um rapaz da favela era deitado pelos policiais no capô e ficava levando porrada de cassetete na sola do pé, enquanto outros dois levavam tapas e socos no rosto. Um deles um negro. Quando os três foram liberados do espancamento, entraram no carro e foram se afastando lentamente. Foi nessa hora que um soldado atirou na direção do veículo: o mundo ainda conheceria o soldado Rambo e a história do negro Mário Josino.

Nós fomos atrás do dono do carro: o rapaz que levara inúmeras cacetadas na sola do pé. Ele daria o serviço, desde que o deixássemos de fora da história. Combinado.

– Eu só apanhei. Pior foi o Josino. Quando nós íamos saindo, escutamos barulho de tiro. Eu ouvi um grito: Josino estava curvado. Não paramos ali, com medo. Andamos mais um pouco e, aí sim, fomos ver: ele estava todo ensanguentado. Levamos para o hospital.

Mário Josino era mecânico da Ford. Estava de férias e tinha ido visitar alguns amigos na Favela Naval. Chegou no lugar errado, na hora errada. O produtor Robinson Cerantula foi ao hospital, buscou fichas de atendimento com o dia certo e a hora aproximada, e achou a de Josino. Dali, chegou à mãe do rapaz, para logo adiante encontrar o local exato onde estava enterrado aquele rapaz que sonhava ser engenheiro.

Começamos a achar as vítimas – todas praticamente vizinhas. Mas faltava uma: um negro magrinho, que, conforme víamos nas imagens do vídeo, fora arrastado para trás de um muro pelo soldado Junior, um branco forte de cerca de 1,80 metro. Quando os dois saíram da cena, as imagens ficaram como congeladas no muro – e ouviam-se claramente os gritos de dor do rapaz. Outra tomada mostrava o soldado conhecido como Rambo indo em direção aos dois, levando um cassetete de madeira. Os gritos aumentaram em volume e desespero, só suplantados por um tiro.

"Não, moço, esquece, não sei nada disso." "Não, gosto muito de você, mas deixa pra lá." "Eles podem voltar..." "Sou muito jovem para morrer" – era o que sempre escutávamos das vítimas, ou melhor, o pouco que escutávamos. A lei do silêncio impunha-se pela lei do terror. Um lugar pobre, miserável. Algumas casas de alvenaria, muitos barracos. A Favela Naval não fugia à regra: muitos trabalhadores, alguns botecos, um ou outro ponto de drogas – e maus policiais extorquindo dinheiro.

Mas uma das vítimas de um dos ataques dos PMs, um ataque que não estava filmado, falou porque viu tudo da janela do barraco:

– Aquele do muro? É o Sílvio. Toca reco-reco, cavaquinho, algum desses instrumentos de pagode, não me lembro.

Sílvio Calixto era um negro bem magrinho. Com o nome foi fácil chegar ao endereço. O rapaz dono do carro, aquele que apanhou na sola dos pés, manteve o trato: ele contava e a gente o esquecia:

– Mora na rua tal, tem uma escadinha para baixo do nível da rua. É a última casa. Mora um monte de gente lá.

Será que ele havia sobrevivido? Isso ninguém sabia.

– Nós vamos achar – eu disse para o Cerantula.

Cheguei à casa e plantei um horror. Era uma sexta-feira, sexta-feira da Paixão.

– Eu quero falar com o Sílvio.

– Ele não mora aqui, está morando com uma mulher – respondeu a mãe dele.

– Minha senhora, vão matar seu filho. A chance dele somos nós, porque ele é um arquivo vivo. Vai ser morto.

– Não, não aconteceu nada com ele – retrucava ela.

– Minha senhora, eu sei de tudo. Eu vou voltar amanhã, sábado, e quero ele aqui.

E fui embora. Porque como eu disse que ia sábado, o garoto não ia aparecer, e, se eu não aparecesse no sábado ela ia pensar que eu tinha desistido. Mas eu tinha um plano. Domingo era dia de Páscoa:

– Vamos chegar no domingo de madrugada. Esse povo é pagodeiro, eles vão fazer um pagode. Deixa quieto. Se não fizerem aqui, vão fazer em outro canto: é só seguirmos a família.

Fomos até lá no domingo, por volta das 5h30 da manhã. Ainda estava escuro. Ficamos na esquina olhando para a entrada da escadinha:

– Ou ele vai chegar do pagode ou alguém vai sair.

E nada. Cinco, seis, nove, dez, onze horas da manhã. Ninguém entrava, ninguém saía. Não aguentávamos mais, já estávamos muito cansados. Eu disse:

– Vamos ficar aqui até amanhã, se for preciso, só que daqui a pouco vai sujar. A polícia vai vir aqui para saber o que é que três caras estão fazendo dentro deste carro.

Lá pelo meio-dia, eu pedi ao motorista que encostasse o carro na porta. Com a câmera ligada, peguei um microfone sem fio e fui lá dentro. Bati na porta, os vizinhos já olhando. Aí, como sempre tem um fofoqueiro, alguém me falou baixinho:

– Eles estão aí.

– E o Sílvio está aí?

– A gente acha que está.

A irmã abriu a porta, cara amarrotada. Quando olhei lá dentro e vi que eles estavam dormindo ainda, pensei: "Foram para o pagode, caíram na farra, então está tudo certo, esse moleque deve estar aí".

– Pô, você de novo, a gente está dormindo – falou a irmã dele.

Escutei a voz da mãe lá dentro:

– Quem é?

– É aquele cara da Globo, mãe.

– Não, ele não está aqui – gritou a mãe lá de dentro.

– Eu não vim falar com ele, não, vim falar com a senhora!

– Mas eu não sei nada.

– Minha senhora, eu não vou sair daqui – disse, já metendo um pouco do meu corpo para além da porta. Dá para me conseguir um copo de água?

Aí ficou aquele dá, não dá:

– Olha, minha senhora, eu sei que ele está aí, e não vou embora. E vou dizer mais para a senhora: vai ser um escândalo tão grande que vai aparecer a PM. E, quando acontecer o escândalo, a senhora acha que a PM vai fazer o que com ele?

Silêncio. Que durou pouco.

– Espera um pouco, chamar a PM, não.

– Não, minha senhora, não vou chamar PM nenhuma. Eles vão vir naturalmente: imagina quando eu começar a gravar lá fora, vai parecer uma novela. Aí a PM chega e, claro, vai me perguntar o que está acontecendo. Não posso mentir para a polícia, certo?

– Espera. Ele vai falar! – respondeu ela.

Escutei um grito de homem:

– Eu não quero falar, eu não vou falar!

Da porta pulei para dentro. A situação era a seguinte: aquele monte de sofá, de edredom, uma confusão dos diabos. Parecia cadeia de tão lotado. E a voz de "não vou gravar" vinha de debaixo de um cobertor. O corpo se levantou. Agora sentado, igual a uma cabana de índio. Pensei: "Já está bom para mim. Já tenho a imagem dele coberto. Para mim está tudo certo".

Comecei a conversar com ele, e o rapaz foi cedendo. Aí eu disse:

– Pô, a solução para você é aparecer, contar o que viveu. Aí você vira defunto caro, ninguém te mata.

Ele foi se convencendo, e botou a cara para fora. Ele era a última testemunha.

Quando voltamos, liguei para o Amauri Soares:

– Estou com o material pronto. Amanhã vamos editar tudo.

A meu pedido, uns amigos peritos averiguaram a fita direitinho, para ver se não tinha arranjo, e me disseram que estava tudo perfeito. Eu sempre trabalho assim. Tenho muitos amigos peritos e, para não dar uma furada, sempre peço que eles avaliem as fitas que recebo. Para alguém armar uma cilada é fácil.

Pusemos a matéria no ar. Lembro que eu deixei o material pronto e fui entrar ao vivo, direto da Favela Naval, no *Jornal Nacional*. A reportagem explodiu no país e no exterior, e todos ficaram chocados com a tamanha truculência da Polícia Militar. No dia seguinte, foi ao ar uma segunda matéria, com as testemunhas do caso. A gente tinha dividido o material em duas partes, claro, o flagrante e as testemunhas. Uma confusão miserável: o Congresso tornou mais dura a lei da tortura, a Assembleia Legislativa de São Paulo anunciou a criação de uma Comissão Parlamentar de Inquérito (CPI) para apurar o caso, e o então governador de São Paulo, Mário Covas, decidiu exonerar os oficiais da PM responsáveis por aquela região da cidade. Rambo, o soldado que matara o mecânico Mário Josino, e seus parceiros de crime – também PMs – foram condenados a penas que iam de 23 a 10 anos de cadeia.

Por falar em Rambo, eu o encontrei em 2012 para uma entrevista para o *Repórter Record*, da Rede Record. Ficamos pela primeira vez frente a frente. Havia tensão no ar. Lembrei-me de uma frase antiga: "O destino embaralha as cartas e nós as jogamos". Para minha surpresa, trocamos um longo abraço. Rambo ficou quase nove anos trancado no presídio. Escolheu as cartas erradas. Ainda há pouco recuperou a liberdade perdida naquela noite na Favela Naval. Rambo também perdeu a família – todos lhe viraram as costas.

Mas essa é outra história.

- 7 -

O vendedor de juízes

"O silêncio é sempre mais ameaçador do que os gritos."

O couro ainda estava comendo com o negócio da Favela Naval. Um dia, no meio disso tudo, meu telefone tocou:

– E aí, Marcelão? Eu tenho para você um material do cacete!

Era outra fonte minha.

– Eu já tenho, você não está vendo o rolo todo da Favela Naval aí na televisão?

– Não é isso. Eu tenho uns grampos telefônicos, mostrando como a Comissão Nacional de Arbitragem de Futebol, da CBF, se vende.

– Rapaz, eu estou metido num rolo monstro, não me arruma mais problema.

– Marcelão, eu estou indo a São Paulo agora para te entregar as fitas.

– Então, vem!

Fui almoçar com meu camarada no aeroporto de Congonhas e recebi o material lá mesmo. Umas 15 fitas cassetes com grampos telefônicos envolvendo dirigentes do futebol brasileiro. De lá, fui direto para a Globo:

– Olha, pessoal, acho que eu tenho outro problema.

– Que problema?

– Acho que nessa comissão de arbitragem da CBF tem ladrão.

– O que é que isso tem a ver com Diadema?

– Eu também não sei, mas recebi esses grampos telefônicos de uma fonte que jamais falha.

– Pelo amor de Deus! Outro rolo! – disse Amauri Soares, babando de alegria.

– Mas fiquem tranquilos, porque eu não quero mais me meter nesse negócio.

Eu sempre faço assim: solto o torpedo e que se dane, vou seguir para outra coisa. O ideal é isso mesmo: soltar, deixar o rolo correr e fazer outra coisa. Não se pode estar no foco permanentemente. E, assim, saí do caso da Favela Naval.

– Eu vou me isolar. Vocês me acham pelo telefone e eu conto para vocês como é que está isso.

Fui para o Rio de Janeiro autorizado pelo chefão da CGJ, Evandro Carlos de Andrade. Passei uns cinco dias isolado no meu apartamento carioca, ouvindo os diálogos gravados nos grampos. Escutei, escutei, escutei e percebi o seguinte: nessas conversas, basicamente estavam o Ivens Mendes, então presidente da Comissão Nacional de Arbitragem (Conaf), o Mário Celso Petraglia, presidente do Atlético Paranaense, o Alberto Dualib, presidente do Corinthians, e o Mustafá Contursi, do Palmeiras. O esquema era simples: Ivens recebia o dinheiro e escalava alguém da confiança do dirigente-pagador. Simples assim. Se os juízes se venderam? Nem investigado foi.

"Mas isso é uma roubalheira só, um suborno só!", pensei. O Ivens Mendes queria se eleger deputado, então, estava pegando dinheiro dos times de futebol para bancar a campanha, e em troca prometia benefícios. Ele levava o dinheiro recebido para uma região chamada Pontal do Triângulo Mineiro, zona ali perto de São José do Rio Preto, uma das pontas do Estado de São Paulo.

Eu tinha que fazer uma confrontação de vozes, para saber se elas correspondiam mesmo às pessoas que estavam falando.

Fui à TV Globo e peguei algumas entrevistas com as vozes das pessoas que, supostamente, eram as que estavam na gravação. Levei para o laboratório do meu amigo e um dos peritos mais renomados do Brasil, professor Ricardo Molina. Ele usou um espectógrafo, aparelho que dá o timbre certo da voz, como se fosse uma comparação da impressão digital – voz é como impressão digital, não existem duas iguais no mundo.

– São eles. São as mesmas pessoas falando.

Meu Pai Eterno! Mais esse pepino... E o caso da Favela Naval correndo solto. Chamei o Robinson Cerantula, o mesmo produtor de Diadema, e pedi:

– Se manda para o Pontal Mineiro.

Ele foi e começou a levantar as informações. Eu fiquei quieto, esperando. Já estava com a cabeça cansada de Diadema, e agora, então, com aquela "fitaria" toda... Aí o Robinson ligou:

– Marcelão!

– O que houve?

– Está tudo certinho! O homem está comprando tudo aqui. Já montou uns três campos de futebol nas cidades com esse dinheiro. Tem faixa dele em tudo quanto é canto.

O homem era Ivens Mendes, diretor de futebol da CBF. Robinson se fez passar por agente de uma empresa de futebol, e aí os caras, querendo mais dinheiro, foram abrindo a história.

– Estou indo te encontrar.

Peguei um avião, e o Robinson já estava me esperando.

– Vamos gravar! A casa dele já caiu! – eu disse, ao mesmo tempo que pensei: "Quando esse monte de gente olhar para minha cara, vai parar a cidade, que é pequenininha".

– Pô, os caras vão te reconhecer – comentou o Robinson.

– Não vão.

A coisa mais comum que acontece com o ser humano, quando chega num nível melhor, é raramente olhar para as pessoas mais simples. Só olha quando precisa.

– Então, nós vamos fazer o seguinte: eu vou de motorista. Você não vai me pedir nem "por favor". Vai dizer: "vá para tal lugar, vá para tal lugar" e eu vou meter um boné e uns óculos. Os caras não vão nem me olhar porque estarão de olho no dinheiro que você diz que tem.

Esse truque eu usaria anos depois para filmar e apresentar ao público a mansão que Eurico Miranda, ex-deputado federal e ex-presidente do clube de futebol Vasco da Gama, tinha comprado nos Estados Unidos.

Foi dito e feito. Eu, dirigindo um carro grande, e o Robinson de agente de empresa de material esportivo. Os prefeitos entravam no carro e contavam tudo, e eu, só de motorista, quietinho. E eles falavam de Ivens Mendes para cá, Ivens Mendes para lá, e nós gravamos tudo, flagrante de todo mundo.

Voltamos ao Rio. A essa altura o caso de Diadema já tinha acontecido há mais ou menos um mês, e ainda estava pegando fogo, mas eu disse:

– Ah, vamos atropelar, que se dane. Vamos montar e entrar com a matéria.

Fui à CBF, falei com o Ivens Mendes, ele tremeu. O então presidente da Confederação, Ricardo Teixeira, me tratou de maneira bem arrogante, com empáfia, e eu, por dentro, rindo. Anos depois eu riria de novo ao fazer uma matéria para a Rede Globo sobre a vida de Ricardo Teixeira, que, de quase falido, tornara-se milionário com o futebol. Um *Globo Repórter* contaria a vida de lucros de Teixeira – e ele, depois do programa, foi internado às pressas porque sofreu um ataque cardíaco. Mas sobre isso ainda falaremos.

Ivens e Ricardo argumentaram que a fita não valia como prova, que eram grampos sem autorização da Justiça. Tentaram me processar, mas as provas eram tão contundentes, os vínculos eram tão fechados, que começaram a brotar mais cheques, mais informação e, na época, eles contrataram, inclusive, o grande jurista Miguel Reali Júnior, que, quando veio para cima de mim no tribunal da CBF, desistiu. Ninguém me processou, e o Ivens Mendes acabou destituído da Conaf. O Dualib, do Corinthians, foi suspenso por dois anos, e o Petraglia, eliminado do futebol.

Mas na vida é difícil alguém nos dar algo de graça. E depois eu saberia o motivo real das fitas: tinham sido feitas por um grupo ligado ao clube Fluminense, então rebaixado para a segunda divisão. Com os grampos e a confirmação da manipulação de jogos, o Atlético Paranaense seria vergonhosamente rebaixado, e o Fluminense continuaria – como continuou – na primeira divisão do Campeonato Brasileiro.

Depois daqueles dois casos seguidos, eu estava completamente esgotado. Então, fui à Globo e disse:

– Ó, vou parar uns 15 dias, porque minha cabeça não está aguentando mais.

Fui para meu apartamento em São Paulo e fiquei quieto por uns dias. A essa altura os PMs presos já não me ameaçavam, o que por um lado me deixava meio preocupado. Quando você é ameaçado, você fica mais tranquilo. Quando você tem o silêncio, é bem mais perigoso.

Mas nesse caso da arbitragem uma coisa me chamara a atenção: o presidente da CBF, Ricardo Teixeira, que eu conhecera havia anos, ainda na sua primeira eleição para comandar o futebol brasileiro. Ainda no esporte da Globo, eu fora escalado para acompanhar a campanha dele apoiada pelo sogro, o ex-presidente da CPF e da FIFA, João Havelange. Ricardo agora tornara-se intratável. Era o dono da bola. "Nós ainda vamos nos reencontrar, dr. Ricardo", pensei. E o destino ainda nos colocaria outra vez frente a frente.

Mas essa é outra história.

- 8 -
O engenheiro que sabia demais

"O sentido da vida é buscar qualquer sentido."

Eu tinha decidido descansar mesmo. Comprei um monte de livros, peguei uns filmes na locadora e disse para a senhora que trabalhava em casa:

– Tudo que faz mal é o que eu quero. Não me faz nada de comida saudável. Eu só quero comer besteira, só quero comida que aumente o colesterol, estou precisando fazer o que me der na telha.

E fiquei em casa, em São Paulo, lendo, vendo filmes, sossegando a cabeça. Era 1997.

Mas o telefone, esse eu não podia desligar. E ele sempre tocava. Era uma tarde de quarta-feira, e eu tinha acabado de almoçar. Lembro bem porque há tempos eu guardava um Vega Sicilia 1970, vinho tinto espanhol considerado um dos melhores do mundo. Era uma ótima safra e eu estava festejando dias de paz. Eu bem poderia falar aqui do meu prazer com o vinho e mesmo descrever minhas leituras e andanças atrás de garrafas e produtores, mas não creio que seja por isso que você está lendo isto.

Eu tomava o resto do vinho com calma e... isso mesmo: tocou o telefone. Era Alice Maria, direto da sede da TV Globo, no Rio de Janeiro. A essa altura, a direção da Globo mudara – Evandro Carlos de Andrade era o chefão. Alice agora dirigia a recém-criada Globo News, canal de informação 24 horas por dia da família Marinho.

– Marcelo, está tendo o julgamento dos PMs de Vigário Geral. Aqueles PMs que invadiram a favela em Vigário Geral e mataram um monte de gente.

– Não, Alice, espera aí, eu estou de folga, pelo amor de Deus. Só falta agora você me dizer que vou ter que ir aí!

– Não é isso, não. Um maluco chegou perto de uma repórter da Globo News e disse que sabe tudo, que sabe como funciona o negócio do crime no Rio. Falou de um PM de Vigário Geral, falou de compra e venda de armas. Entrou no nosso carro e gravou uma fita de costas para a câmera. A gente está com esse material aqui e não sabe o que fazer com ele nem por onde começar. Você não quer dar uma olhadinha? Quem sabe você não tem uma ideia?

– Alice, eu estou, ou melhor, estava aqui sossegado... Mas faz o seguinte: me manda o material, que assim, pelo menos, eu me distraio com isso.

Não dava para dizer "chega". Primeiro, tinha, tenho e sempre terei um afeto e um respeito muito grande por Alice. E uma extrema gratidão. Ela e Armando Nogueira, um artesão das palavras, homem de fino trato e rara inteligência – e que, infelizmente, morreu de uma doença no cérebro –, abriram as portas da televisão para mim e me colocaram exatamente na área em que estou até hoje.

E vale aqui falar rapidamente da "alemã" Alice – com uns olhinhos claros pequenos, uma voz baixa, uma pele branca de quem gosta de sol a distância, aversão ao álcool e à carne vermelha (por causa de seus conselhos fiquei quase 20 anos sem comer churrasco), uma timidez absoluta e um raro senso para a notícia e para a estética, ela ajudou a construir o império jornalístico da TV Globo. Deu, com Armando e a supervisão geral do Walter Clark e do Boni, a linha mestra do telejornalismo que se faz desde o lançamento do *Jornal Nacional* até hoje.

Mas como eu ia dizendo – e, se não disse, digo agora –, a folga estava prestes a acabar. No dia seguinte, um motoqueiro me entregou a tal gravação já em fita VHS. Coloquei no videocassete.

Tinha um cara dizendo que sabia como os policiais federais apreendiam armas e as vendiam para o tráfico; como a polícia civil vendia a arma que você quisesse, na hora que quisesse; como se comprava grampo telefônico com facilidade em São Paulo – no Rio, um dos mais ativos escritórios de grampos clandestinos ficava no centro da cidade e pertencia a um dos políticos mais importantes desse Brasil de início de século 21; como se comprava dinamite, silenciador e metralhadora em São Paulo, sempre com facilidade. E tudo isso ele falava de costas, sem mostrar o rosto.

Como saber quem era o homem? E como saber a verdade? De tanto que falava, mais parecia um lunático. Eu tinha que encontrar um sentido naquilo, o sentido óbvio: qual o interesse daquele homem em contar tantas coisas? E ele conseguiria provar? Lembrei-me de uma frase de Carlos Drummond de Andrade: "O sentido da vida é buscar qualquer sentido". E este falastrão da fita parecia desesperado em encontrar um.

De tanto observar o sujeito, alguns detalhes começaram a me chamar a atenção. O cara usava expressões em latim e em inglês. A roupa dele era uma calça jeans, comum, só que bem vincada. A camisa tinha listras azul-marinho e vermelho, de ótimo padrão, também vincada na manga comprida e abotoada no punho. Ele carregava no pulso esquerdo um relógio Rolex e, no dedo, uma aliança de casado. Na fita, de uns 20 minutos, ele não cometera um único erro de português. Aquele era um homem estudado. E outro aspecto me intrigava:

ele falava mal de tudo e de todos, principalmente dos PMs, e o cabelo dele, preto e abundante, era cortado no estilo militar.

Pensei: "Um cara que fala com essas expressões, que está vestido assim, com uma roupa esporte, mas cheia de detalhes, tem algo incompatível. E por que ele foi ao julgamento dos PMs de Vigário Geral? Ele está no submundo e, ao mesmo tempo, tem berço". Porque o cara, quando não tem berço, pode vestir a melhor roupa do mundo que sempre dá para notar que o corpo que está dentro da grife não sabe "calçar" o embrulho do presente. No caso dele, não, e aquilo começava a despertar minha curiosidade.

Liguei para a Alice Maria:

– Vem cá, alguém marcou alguma coisa desse cara? Tem um endereço?

– Não, Marcelo.

– Alice, tem algum telefone?

– Ele deixou um contato.

– Sabe se a repórter ou a produtora viram o carro do cara?

– A gente tem a placa do carro. Quer que a gente ligue para ele e marque um encontro?

– Não, não. Deixa quieto. Não façam nada, esqueçam que esse homem existe.

– O que é que você vai fazer?

– Ora, minha amiga, você acabou de cancelar a minha folga! Está feliz? Vou aí. Beijos!

Fui para o Rio na manhã seguinte. Uma reunião estava marcada entre mim, Alice e o Evandro Carlos de Andrade. Contei sobre as incompatibilidades que percebi.

– Das duas, uma: ou esse cara é maluco ou sabe muito – eu disse, e depois, lá na frente, eu descobriria que ele era as duas coisas. – Eu tenho que ver quem é esse cara com calma! Isso pode ser uma baita fria.

Aí o Evandro disse:

– Está bom! Faz do seu jeito. Até logo... e veja se não vai arrumar problema.

Evandro – e me arrependo de jamais ter dito isso para ele e agora não dá mais, porque ele morreu – era um sujeito de quem eu gostava. Sempre seco nas frases em público e extremamente afável no particular. E ainda tinha uma vantagem sobre todos nós: homem de porte elegante e bonitão, era um esplêndido dançarino de salão. Fazia sucesso entre as repórteres. Foi meu chefe duas vezes: quando eu era rapazinho no jornal *O Globo* e, então, na TV Globo. Gostava de mim do jeito dele: sempre me ameaçando de demissão e sempre renovando meus contratos como eu queria.

Peguei o papel com o número do telefone do cara. Comecei a me mexer. Contatei um amigo:

– Levanta para mim a quem pertence o telefone de número tal. Nome e endereço. Não, eu não estou com pressa, não. É para ontem, meu camarada.

Horas depois eu saberia onde aquele telefone morava.

– Olha, tem uma outra coisa. Tenho a placa de um carro... Ômega azul-marinho. Levanta, por favor, dono e endereço. Faz uma regressiva: veja se teve outros donos, faz um "quem é quem" do carro.

– Porra, Marcelo. Pede tudo de uma vez: isso aqui é uma firma de investigação. Não é um "toc-tenha", um *delivery*.

– Então, deixa. Se é para ficar nessa amarração, faço outra correria.

E desliguei. No dia seguinte meu amigo me ligou: surgiram as primeiras pistas.

Fui montando tudo aquilo aos poucos. Não havia essa facilidade de dar um "Google". Era trabalho braçal. Descobri que o nome do tal cara era César Marques. Quem seria esse cara? Sempre confiei em mim mesmo, mas sempre confiei também na sorte. E a minha parece estar em permanente plantão.

Nasci na Praça da Bandeira, pertinho do estádio do Maracanã, e lá ficava a oficina de um mecânico de automóveis, o italiano Giuseppe, muitas vezes campeão europeu de motocicleta. Giuseppe já ia pelos 70 e tal. Cabeleira farta branca como a neve, quilos a mais, baixinho e com um português atravancado. Eu sempre ia visitá-lo: adorava ouvir a conversa dele, enquanto ajustava os motores. Só um italiano para conversar no meio daquele ronco das máquinas.

– O que você tem, Marcelo? Está meio calado.

– Estou atrás de um cara que não sei nem quem é.

– Como?

– O sujeito conta um monte de coisas de crimes. Só sei que ele mora no Recreio dos Bandeirantes (bairro que é o seguimento da Barra da Tijuca) e se chama César Marques.

– No Recreio? César Marques? Um moreno todo arrumadinho, que fala pra cacete? O Cesinha?

"Tá de tiração" o meu amigo Giuseppe.

– Cesinha é um preparador de carros de corrida como poucos. Se é esse, eu conheço: é engenheiro. Está sempre no autódromo. E sempre arrumando briga.

Cesinha, engenheiro. Cesinha, exímio preparador de carros e de injeção eletrônica para carros de corrida. Cesinha, conhecido do meu amigo Giuseppe. Cesinha, nós ainda vamos nos conhecer.

Fui olhar o endereço que eu tinha e Giuseppe confirmou: Recreio dos Bandeirantes. O prédio onde César morava era de luxo, no estilo de alguns bairros de Miami: quatro andares, um apartamento por andar. Mármore e vidros fumê. Perto da praia. Um varandão de onde eu ainda filmaria a venda de armas. Mas estava em petição de miséria, mesmo sendo novo. Passei na rua bem diante da entrada principal: tudo quebrado. Estranho.

Rodei daqui, rodei dali, encontrei um delegado da minha extrema confiança, expliquei a ele a situação toda e fiz o convite-pedido:

– Vamos passar lá. Mete uma campana nesse cara para mim. Se eu ficar aqui, vão me ver, e aí sujou.

Ele levantou que o apartamento do cara era na cobertura. Pensei: "Mas um cara desses, engenheiro, preparador de carro de corrida, num prédio à beira da praia, só que todo quebrado? Tem algo esquisito nessa história".

Fui a um corretor de imóveis da região, disse que procurava um apartamento no Recreio. Quando passei pela frente do de César, perguntei:

– E esse aí? É novo?

– Tem uns três anos de pronto.

– Mas está todo quebrado.

– Briga de vizinhos.

Encurtei o papo. Já tinham se passado uns três dias. Era a hora. Chamei a produtora que tinha conversado com o cara lá no julgamento de Vigário Geral:

– Você quer ligar para ele? Marca um encontro. De preferência, na cobertura.

– Tudo bem, eu ligo!

E lá fui eu me encontrar com o César. Ele era totalmente perturbado, literalmente paranoico. Tinha tido um problema com um PM de Vigário Geral e trocou tiros com ele dentro do prédio. No segundo andar do prédio, morava um juiz, com quem ele também tinha arrumado uma encrenca monstro, quebrando tudo. Aí o juiz chamou uns PMs amigos dele. Quando um policial foi ameaçar o maluco, ele atirou no PM. Tinha processo em cima dele, enfim, o cara era um nó-cego, doido.

A esposa, uma mulher linda, com duas crianças, não sabia mais o que fazer com o marido. Com o prédio, nem se fala. A água subia para a caixa por uma mangueira – César tinha quebrado a bomba. As pinturas das paredes estavam descascadas – César tinha arruinado tudo com uma espátula. O elevador não funcionava – César tinha quebrado a máquina.

Entrei na casa dele meio assustado com aquele tsunami. A sala até que estava em bom estado diante de tudo que eu já tinha visto. A esposa me olhava com uma cara de "você vai ajudar a nos matar".

– César, me conta a sua história toda aí!

E ele contou a história do PM de Vigário Geral, do juiz do andar de baixo, da troca de tiros. Não mentiu sobre nada.

– Agora me conta: como é que você sabe quem vende?

– Eu conheço muitos policiais, porque mexo em carro de corrida e em injeção eletrônica. Eu sei quem vende arma, eu já comprei pistola, revólver, mas tem metralhadora, fuzil.

Aí eu me calcei:

– Eu não vou comprar arma porque eu entro num inquérito do tamanho de um trem. Você arruma um laranja para comprar, não vou meter a mão nessas armas de jeito nenhum – e eu acabara de mentir. – Isso tem contrabando, desvio de armas apreendidas com bandidos. Eu mostro e você arma a compra.

E ele arrumou um laranja: ele mesmo. Antes de ir embora, olhei para ele e para a esposa, que saberia depois ser uma gaúcha doidinha para voltar só com os filhos para a terra de onde nunca deveria ter saído.

– Olha, vou fazer com vocês o que sempre faço: pensem juntos se vale a pena tudo isso. Vocês têm dois filhos pequenos... – disse, e me virando para a esposa: – Seu marido vai desagradar muita gente. Vocês podem morrer, seus filhos podem morrer. Eu não tenho nada a perder, é o que faço e, portanto, já estou vacinado. Mas vocês, não.

A mulher começou a chorar. E as palavras, molhadas de lágrimas, saíram:

– Já pedi para ele... Vai embora daqui – disse, olhando para mim. – Ele já quebrou o prédio todo e...

– Vou fazer a denúncia. Nada me fará recuar. Se não for com você – olhando para mim –, arrumo outro repórter.

E o homem gritava, a mulher chorava, as crianças, acostumadas com o fuzuê, brincavam como se nada estivesse acontecendo. E eu?

– Minha senhora, vou lhe dar um conselho: pegue as crianças e vá para a casa dos seus pais.

O primeiro lugar combinado para a série que o *Jornal Nacional* em breve mostraria era um hotel de frente para a praia de Ipanema. Quem vinha vender as armas era um policial civil. Aluguei dois quartos, exatamente um em cima do outro. No que seria usado para a compra e venda, montamos nossa parafernália: um técnico da TV

Globo instalou uma microcâmera no ar-condicionado, uma na luminária e uma até no banheiro. Áudio e imagem testados. E aquela permanente apreensão: e se o policial não aparecer, e se desconfiar de algo estranho, e se... Eram tantos "e se". Não dá para se acostumar com esse momento que antecede o flagrante.

Você já teve alguma paixão, e a pessoa está longe e ainda não ligou? Você se deita, mas não quer se deitar; anda em círculos, mas não quer andar. A cabeça esta lá, na outra pessoa – e a insegurança vai tomando cada centímetro do seu corpo, o que falar da mente. Pois essa é a sensação de espera de uma investigação. A hora parece não chegar.

No andar de baixo eu pensava: "Se der uma microfonia, o cara vai se tocar, e vai ser um saracoteio de tiro". E eu naquele estado de tensão, hora da primeira compra – e a hora da primeira compra a gente nunca esquece.

Nada do policial. Mas polícia é sempre assim: se marca às 7 horas, chega às 9. E o cara chegou atrasado. E eu, lá embaixo, isolado, sem saber nada, porque eu só monto o cenário, não posso botar a cara. Aí o cara foi embora, o telefone do meu quarto tocou:

– Está tudo certo, vem.

Subi com o técnico. Era uma montoeira de arma na cama. Tinha de tudo: pistola, espingarda, metralhadora, fuzil.

– Desmonta, rápido.

César, já embrulhando tudo, disse:

– Tem que levar as armas e depois entregá-las para o Ministério Público, mas não pode ser agora. Como é que faz?

– Deixa comigo – respondi. – Tem um Tempra preto bem na entrada do hotel. Toma a chave. Coloca as armas na mala. Uma outra pessoa da Globo vem buscar. Está com a chave reserva do carro. Vamos só dar um tempo para ver se o seu policial não armou uma "casa de caboclo" para a gente.

Sei lá se o policial não gostaria de ter as armas de volta. E armaria uma simples: usaria outros policiais da quadrilha para nos prender com as armas, negociaria o relaxamento da prisão ali mesmo, se todos esquecêssemos o que tinha acontecido no quarto momentos antes. Era bom ter cautela.

Fiquei pensando: "Vai dar um rolo monstro. Se alguém descobre essa montoeira de armas na Globo, isso vai virar uma confusão". As armas, diria-me a direção logo depois, seriam entregues imediatamente ao Ministério Público, que ia esperar o fim de toda a investigação e as matérias irem ao ar.

César era um sujeito que não conseguia desfrutar de uma vitória, como a de ainda há pouco. Seu motor ficava ligado direto:

– Amanhã, lá em casa, às 11 horas. Vamos pra cima da Polícia Federal.

Fui dormir com a sensação de que o engenheiro ainda me traria muitos problemas – como realmente trouxe.

Não foi uma noite boa de sono. Cheguei à casa de César certo de que tomaria pelos menos um café preto bem forte, para "acender". Uma certeza errada. A casa estava vazia, na mais absoluta desordem. Fazia uma semana que não pisava no prédio "em demolição".

– Cadê as crianças?

César respondeu como se eu tivesse perguntado se ia chover:

– Foram embora com a mãe. Seguiram o seu conselho.

– E você, como está?

– Depois resolvo isso. Vamos lá para o quarto.

"Que que é isso, meu irmão, está me estranhando? Sou homem". Foi o que pensei e deixei transparecer.

– O telefone aqui da sala está quebrado – o que não me surpreendia. – Só o do quarto está funcionando. E fiz um grampo no aparelho.

Comprar metralhadora, fuzil e sei lá mais o que das mãos da Polícia Federal. Ele ligou para o policial, que definiu:

– Estou numa operação aqui de contrabando, mas fica frio que tenho o que você quer.

E aquilo foi sendo postergado, um dia, dois dias, uma semana... E eu ali, só aguentando César Marques falando de crimes e de criminosos, como se ele, sim, fosse uma metralhadora giratória. Finalmente, chegou o dia. Pegamos uma lente gigante, de 300 milímetros, e ainda levamos um duplicador. Da cobertura dava para ver, entre dois prédios também pequenos, uma boa nesga da praia. Estacionamos o carro na praia bem na direção da lente, agora montada no varandão da sala. Cerca de uns 500 metros entre um ponto e outro.

Daquela distância, o policial jamais conseguiria ver onde estávamos. César usava um microfone sem fio – nosso medo era a distância, porque o receptor do microfone, instalado na câmera, estava longe da fonte que César carregava. E ainda havia o barulho das ondas – pela primeira vez na vida senti uma certa antipatia pelo mar.

De repente, parou o carro do policial federal. E aí as imagens e o diálogo se tornam impressionantes: o cara vende, recebe o dinheiro, conta, entrega a metralhadora, entrega a outra arma, entrega rifle, uma montoeira de armas. Quando eu olhei aquilo, pensei: "Meu Deus do céu!".

Cheguei à Globo apavorado:

– Olha, agora a gente já tem um arsenal!

E as armas lá, esperando, já tudo ajeitado com o Ministério Público e a Globo, senão era encrenca certa. Aquele monte de armas e eu pensando: "Meu Deus, quando isso explodir, eu vou ter os caras de Diadema atrás de mim, os caras do futebol, o cara da Polícia Civil, o cara da Polícia Federal. Meu Pai Eterno.

Meu parceiro, mais uma vez, era o Eduardo Faustini, que, se não disse, digo agora e, se disse, repito: o melhor repórter da televisão brasileira.

– Feinho – dizia ele, que jamais mostrava o rosto na TV –, vão ter que pegar senha para te matar.

Eu ri, por falta do que dizer.

Além de me organizar, eu ainda tinha que controlar o engenheiro. O maluco, sabe lá Deus como, tinha arranjado um crachá da Globo e já entrava como se fosse funcionário.

– Não entra aqui, eu não quero que te vejam.

E ele já conversando com o povo da redação. Eu dizia para a direção da Globo:

– Não aguento mais esse cara!

Um dia quase quebrei a mão. Sou uma pessoa controlada, meu nervosismo, em geral, é da boca para fora – mesmo quando garoto, eu só brigava em último caso. Mas César levava qualquer um ao desespero:

– Escuta, eu já disse que você não pode entrar aqui na Globo – e ele no corredor que dava para a redação do *Jornal Nacional*.

– Fica tranquilo, já conheço todo mundo.

O soco saiu – ia direto na cara, mas desviei a mão: soquei a parede, e por pouco não tive duas fraturas. E ele, com toda a calma:

– Agora nós vamos comprar dinamite. A gente sobe até Juiz de Fora e compra uma caixa de dinamite, com a maior facilidade.

O "mala" realmente sabia tudo.

– E como é que desce com essa dinamite no carro? Comigo, não!

E ele desceu com a dinamite, com a maior facilidade. E eu estava no carro.

Pois foi assim: eu, César, Faustini e um cinegrafista chegamos à mineira Juiz de Fora, a três horas de carro do Rio, e fomos direto para uma loja, que tinha autorização do Exército para trabalhar com dinamite. Os maiores clientes eram donos de pedreiras e empreiteiras. E alguns bandidos. Quando César entrou, o dono da loja:

– Oi, como vai o senhor?

César chamou o homem no canto. Dali fomos para um local isolado, no meio de uma fazenda. Havia um barracão com uma corrente grossa – e apenas um vigia já perto de ir dessa vida para a outra. O velhote dono da loja só fez um pedido – olhando para mim e para Faustini e, ainda bem, sem me reconhecer:

– Por favor, esqueçam que isso aconteceu.

Faustini, sempre irônico:

– Não se preocupe. O senhor já fez novela? Não. Tem cara de que um dia ainda vai ficar famoso.

O velhote riu orgulhoso, sem saber que viraria celebridade no *JN*.

Para mim, já tinha dado. Para César, a história tinha que continuar.

São Paulo era o próximo destino: primeiro, uma empresa de telefonia no bairro da Barra Funda, que só fazia grampo clandestino. O disfarce era a montagem de aparelhos eletrônicos. Numa sala bem fechada, a vida alheia era acompanhada por 2 mil reais ao dia. Um negócio altamente lucrativo. Até a polícia usava o serviço dos rapazes, entre 25 e 40 anos de idade. Filmamos tudo – e eu ainda receberia dias depois o telefonema de um delegado importante da polícia paulista, para ver se eu quebrava o galho e não colocava nada no ar. Ele tinha interesses por lá. Como ele sabia dos meus movimentos? Descobri ali que meu telefone também estava no grampo.

Última etapa, graças a Deus. Zona leste de São Paulo. Era lá que funcionava a fábrica de um ex-campeão olímpico de tiros, um espanhol de cerca de 70 anos radicado há bom tempo por aqui. Especialidade: vender silenciador que ele mesmo fabricava. Quem compra silenciador compra para matar. Seus clientes se dividiam entre o mal e o mal: policiais assassinos e assassinos comuns.

Faustini entrou no escritório do espanhol, que o levou para um galpão nos fundos do prédio, onde estavam caixas e mais caixas de silenciadores. O espanhol foi até a janela e, com uma 45 com o silenciador, atirou e só fez *poc*.

– Eu vendo muito para gente da Polícia Federal e da Polícia Militar.

E tudo aquilo sendo gravado. Faustini saiu:

– Vai, que ele está sozinho. É fácil.

Quando me viu, o espanhol tremeu, e eu levei um papo de arma com ele, mas ele disse que ali quase não tinha arma, que praticamente tinha deixado o "ramo".

Para dar uma noção do grau de envolvimento do espanhol, ele tinha num cofre, que foi apreendido no dia em que a matéria foi ao ar, 5 mil metralhadoras. Havia uma autorização do Exército para ele mexer com metralhadoras – uma autorização vencida. E os silenciadores? Isso o espanhol teve de explicar no tempo em que ficou preso na Polícia Federal.

Eu estava tão esgotado de sair de uma investigação e logo entrar em outra que tirei 40 dias de férias. Sumi do mapa. O cansaço me dominava.

Ah, ia me esquecendo: depois da série de reportagens no *Jornal Nacional*, César Marques se meteu em outra troca de tiros com a PM. Acabou preso. Um dia me ligou:

– Vem aqui no presídio especial. Isso aqui é um antro de...

Mas essa é outra história.

- 9 -
No coração da máfia chinesa

"A prática leva à perfeição, exceto na roleta-russa."

Ao longo da minha carreira, aprendi o seguinte: se você não quer ter um chefe, mas quer ser empregado, apresente sugestões, propostas de trabalho – no caso do jornalismo, as suas pautas, antes que mandem você fazer o que não quer. Sempre usei a seguinte estratégia: quando estava terminando uma matéria, já começava a preparar a próxima, para ninguém me pedir para ir na esquina fazer algo besta. Sempre foi assim.

Minha máxima vinha de um antigo técnico do futebol explicando seu plano de jogo: "Quem se desloca recebe, quem pede tem preferência".

Nas minhas viagens fazendo reportagens pelo mundo e pelo país, eu percebia as pessoas cada vez mais sozinhas, abandonadas. O mundo se comunicava mais rápido – mas o diálogo entre as pessoas parecia murchar. Os números mostravam mais separações, mais divórcios. Pensava e penso: a desagregação familiar é evidente. Pais sempre com tempo para reuniões de trabalho, para bisbilhotar a internet; mães agora força ativa na renda familiar, quando não chefes de família. E à espreita, como um animal pronto para o ataque, as drogas.

Paralelo a esse quadro – ou em função dele –, nasciam novas igrejas, novos templos. A Igreja Católica prometendo um mundo melhor no céu; muitas outras, a prosperidade ainda em vida. Havia muito estelionato no meio, mas não era essa a minha questão. Toda vez que eu saía aos domingos, lá estavam as igrejas lotadas. A verdade é que eu já tinha visto um monte de ateu que, na hora em que estava caindo fora do mundo, pedia a Deus para não morrer e, rapidinho, deixava de ser ateu.

Minha reflexão: a fé cura? Então, resolvi fazer uma matéria sobre fé e cura. Dos católicos aos evangélicos; dos espíritas aos budistas... Eu queria ser o mais abrangente possível. Não cura no sentido físico apenas, mas no sentido da alma.

Quando eu voltei das minhas férias, ainda em 1997, depois daquela série de matérias sobre Favela Naval, vendas de armas etc., já estava próximo do fim do ano. Então, fui preparar a matéria sobre fé e cura para o começo de 1998.

Comecei gravando num dos terreiros de candomblé mais antigos do país, a Irmandade da Boa Morte, na Bahia, perto de Feira de Santana. Eu já tinha visitado esse local em 1994 ou 1995, a pedido de um dos maiores escritores que a humanidade conheceu: Jorge Amado.

Nunca tinha visto pessoalmente Jorge nem a esposa Zélia Gatai, também de fino trato na escrita. Na casa da ladeira famosa no bairro do Rio Vermelho, de portão simples que dava para um terreiro de árvores, plantas e pássaros, Jorge me recebera debaixo de uma sombra generosa naquela Salvador de um verão que ensopava de suor.

No ar o cheiro marinho carregado da praia misturado ao das flores e plantas cultivadas por Zélia.

– Marcelo, você conhece a Irmandade da Boa Morte? – perguntou Jorge.

– Já ouvi falar.

– São pretas velhas, todas descendentes de africanos, gente da raiz do candomblé. A Casa (leia-se terreiro) da Irmandade está caindo. Tem que ajudar, fazer matéria. Põe no *Fantástico*. O governo baiano tem que se mexer. E só se mexe na porrada.

Assim conheci a Irmandade. E agora voltava para a minha "fé e cura". Encontraria minhas amigas mães de santo, gratas a mim – e sem motivo algum – pela Casa nova doada pelo governo baiano depois de a TV Globo pisar no terreiro. Senhoras de 65, 70 anos, que me diziam: "Ô, meu branco lindo!".

Naquela tarde, quando eu estava deixando a Casa, tocou o celular. Era o Amauri Soares:

– Marcelo, quem é que faz CD pirata no Brasil?

– Sei lá, Amauri!

– Marcelo, onde é que você está? O Evandro quer que você volte imediatamente – disse, referindo-se ao Evandro, diretor da Central Globo de Jornalismo.

– Eu estou na Bahia, numa cidade perto de Feira de Santana, saindo de um terreiro de candomblé.

– Evandro disse para você voltar ainda hoje.

– Hoje não dá. Estou longe.

Eu tinha combinado de, à noite, "tomar uma" com o Zé Raimundo, repórter da TV Globo na Bahia. E o Zé não é de tomar só uma, e eu precisava acompanhar o amigo, que é para essas coisas.

– Então, vem logo, ele quer que você descubra quem faz CD pirata.

– Mas que diabos é isso?

– Tem CD pirata demais no país. As gravadoras, a Som Livre, os artistas, todos estão perdendo dinheiro. Isso está dando um problema gigantesco, você tem que voltar!

– Tudo bem. Mas e "fé e cura"?

– Volta com fé, porque você não tem cura – ainda me gozou o VPO (esse é o apelido que dei ao Amauri, quando ainda editor do *JN* – vice-presidente de operações, cargo antes ocupado pelo Boni).

– Vamos embora, o homem quer que eu volte – falei para a equipe.

No dia seguinte, peguei um avião para São Paulo por volta de 11 da manhã – e mergulhei no mundo dos piratas.

Um contato de uma associação de proteção aos direitos autorais me ligou e descobri que havia dois focos principais de produção de CDs piratas: China e Estados Unidos. Fui montando um cenário, conversei com pessoas ligadas ao contrabando e à pirataria. Entre elas, um amigo de mais de 20 anos, o advogado paulista Fernando Ramazzini, então presidente da Associação Brasileira de Combate à Falsificação.

Para você visualizar: ele tem um cabelo igual ao do Einstein, tamanho do Maguila, fala como um trovão e é dono de um coração santo e de uma inteligência rara. E sabe tudo:

– Fazem os CDs lá, mas a entrada é pelo Paraguai. Noventa por cento.

E Ramazzini foi dando nomes, endereços. Juntei uma equipe:

– Vocês vão para o Paraguai, que eu vou continuar montando o quebra-cabeça.

Dali a uma semana, os meninos voltaram:

– Gravamos fotolito, gráfica disso e daquilo. Trouxemos umas impressões de capas de CDs que nem lançaram ainda. Já começaram a fabricar no Paraguai, mas o forte mesmo é a montagem do que vem de fora e jogam para todos os cantos da América do Sul.

Olhei o material:

– Começamos bem! Para quem está só há menos de uma semana nisso e não sabia nada, está melhorando – disse eu, sem saber que ainda iríamos correr do FBI.

Levantei tudo e expliquei a situação para a Globo. A questão do CD pirata era a seguinte: muita coisa vinha dos Estados Unidos, de uma região próxima a Miami. Macau – que, naquele momento, estava para ser anexada à China, mas ainda era colônia portuguesa –, Hong Kong e China Continental também produziam muita coisa. Era desses lugares que vinha CD para o Brasil, parte via Panamá.

Depois de eu contar tudo isso, Evandro perguntou:

– Está fazendo o que aqui? Vai para a China!

Eu cocei a cabeça:

– Há cinco dias eu estava no meio de um terreiro de candomblé. Como é que vocês acham que eu vou entrar na China e descobrir onde tem CD pirata?

Bom, pelo menos eu sabia que os caras da associação ligada às gravadoras conheciam uma "ponte" na China, em Hong Kong. Era um policial do serviço de inteligência chinês, que, dois dias depois, eu conheceria.

Cheguei na Globo São Paulo:

– Estou indo para a China.

Cheguei em casa:

– Estou indo para a China.

Todo mundo ficou me olhando com cara abestalhada. Peguei meu passaporte, resolvi o que tinha que ser revolvido para conseguir visto, e escolhi o produtor: seria o Robinson Cerantula de sempre, o mesmo que tinha trabalhado comigo no caso da Favela Naval e em outros casos.

Mas aqui vale uma observação sobre Robinson Cerantula: ele tinha se metido numa confusão com o repórter Roberto Cabrini, um desses raros talentos que aparecem a cada século. Sou fã do Cabrini, hoje ocupando a tela do SBT. Onde ele se mete nasce ouro. Pois os dois deram um vacilo e foram descobertos investigando o presidente de um Tribunal de Justiça no Norte do país. Por não ter avisado imediatamente ao Amauri Soares, Robinson foi para o "exílio", e acabou chefiando a reportagem de madrugada – era chefe dele mesmo.

Amauri e eu:

– VPO, vou levar o Robinson.

– Vai porra nenhuma. Ele fez uma baita lambança, não me avisou. Agora vai mofar na madrugada.

– VPO, vocês são amigos. Você acha que um produtor vai passar por cima do repórter na rua?

Decidi escorar o Robinson usando o enorme prestígio do Cabrini.

– Mas ele tinha obrigação de me avisar – e ficou lá calado. – Acabei sabendo tudo pela polícia. Eles invadiram o gabinete do desembargador. Colocaram uma microcâmera num policial dentro do gabinete do homem, sem ter uma prova concreta. O cara foi preso, disse que o material era da Globo. Saiu na TV local, e eu sem saber de nada.

Amauri não é muito de se exaltar – pelo contrário, é sujeito afável, compreensivo. E estava bem chateado.

– VPO, eu compreendo, mas sem o Robinson eu não vou para a China. É a minha vida em jogo; daí, meu irmão, você vai precisar tirar o Robinson do "exílio". Por favor...

Deu tudo certo – e os dois são amigos até hoje.

Para cinegrafista, escolhi o Jorge Zanlorenzi, magro como um palito e com mais de dois metros de altura. Uma lente sempre no lugar certo – e rápido no disparo. Mas na China, onde eu queria entrar e sair sem chamar atenção, percebi ser difícil esconder os dois metros e pouco do Jorginho. Onde ele passava parecia "atração do circo".

Quando fiz o convite a Robinson e Jorginho, eles olharam para a minha cara, incrédulos:

– Nós vamos para a China?

– Para a China, para os Estados Unidos e para onde mais for preciso.

Botei um dinheiro no bolso e lá fomos nós pegar um avião para a China. Nós três e mais um representante da tal associação ligada às gravadoras. O japonês, melhor, o descendente de japonês, foi a pedido meu – seria a peça mais importante do grupo. Não liguei para os inúmeros conflitos entre China e Japão.

Não é fácil ficar quase 24 horas num avião. E, como sempre, tinha alguém que me conhecia:

– Marcelo, que prazer!

Era o técnico de futebol Sebastião Araújo, ex-Fluminense, ex--preparador físico da Seleção brasileira e, naquele momento, treinador da equipe principal da China.

– Vai para a China, Marcelo? Qual o rolo por lá?

– Sebastião, vou para a China mostrar como é Macau, a convite do governo português. Como Macau vai ser devolvida...

A mentira estava num tamanho razoável.

Hong Kong, 11 da manhã, todos exaustos. Era a minha primeira vez por lá – grandes letreiros, um tráfego danado, boas compras, bons hotéis. Nós nos enfiamos no hotel combinado – e eu, como sempre, saí para conhecer as redondezas. Sempre foi minha neurose – saber por onde, pelo menos, ter a chance de correr em caso de "sujou!". Hábito que me seria útil dias depois.

Robinson e Jorginho ficaram num quarto e eu em outro, em outro andar. Tínhamos que esperar nosso contato, o policial infiltrado numa das máfias. Estávamos no quarto há mais ou menos uma hora quando apareceu um cara cabeludo, chinês, grande também, do meu tamanho – 1,86 metro. Ele chegou com um moleque magrinho, baixinho, com o boné virado para trás. Não consigo entender por que a aba do boné, que protege o rosto, é sempre virada para trás – seja aqui ou no fim do mundo. O chinesinho tinha os olhos sempre em busca de algo, contrastando com um ar despreocupado, como um rebelde sem causa. Olhei para a cara do garoto: "Esse moleque não tem nem 18 anos de idade", pensei. Ele era o policial infiltrado na máfia em Macau.

O grandão perguntou em inglês:

– Vocês estão cansados?

– Não – respondi. – Fiz 22 horas de viagem, dormi 10, e passei por uma mudança de fuso horário monstro. Estou pronto para correr na Olimpíada. Por quê? – nem sempre tenho bom humor.

– É que a gente tem que ir para Macau.

Imagine a cena. Eu estava na China, sem falar uma palavra do idioma, e sem saber ao certo com quem ia ter que me relacionar. Nunca tinha visto um chinês daquele tamanho, e ainda tinha o pequenininho com cara de menino. Eu não sabia nada, estava indo na aventura, porque a tal de uma associação havia montado uma "ponte" (havia, lembra, o japonês da associação com a gente). Mas eu não tinha saída.

– Vamos.

Mas fiquei pensando: "Isso aqui não vai acabar bem!". Quem eram os caras? O grandão tinha uns 28 anos, era investigador particular. E o pequenininho, na verdade, de menino não tinha nada: policial de 31 anos de idade. Ele só investigava questões de pirataria, falsificação e contrabando. Mas já estava na hora de ele sair do disfarce, porque nos últimos dois anos ele se metera no coração da máfia chinesa escondida na portuguesa Macau. O chinesinho era a minha "ponte". Problema: ele não sabia falar nenhuma outra língua. Mas isso fazia parte dos meus planos.

Peguei dinheiro – e dos grandes –, cada um da equipe colocou uma muda de roupa numa sacola e deixamos o hotel. Mas sem fechar a conta. Iríamos precisar de um lugar para guardar em segurança o material gravado.

Fomos até uma estação de barcas. Macau fica de frente para Hong Kong, e a separá-las está o delta do rio das Pérolas. Como se fosse Rio-Niterói. Um trajeto de *ferryboat* de uns 40, 50 minutos. O *ferry* era limpinho, arrumadinho, tinha até serviço de bordo. Fazia um sol lindo – o vento era morno.

Até então eu não sabia quem era o pequenininho, só sabia o que fazia o grande. Entramos na barca. Eu olhava, com um olhar de despedida, o famoso delta do rio das Pérolas: "Já, já eu vou aparecer boiando aqui...". Afinal, eu não sabia direito a roubada na qual estava nos metendo. E dizia ao Robinson, que é todo católico:

– Olha só, rapaz, imagine você boiando aí e a sua família sem saber onde é que você foi parar. E o pior é que São Paulo não tem mar. E o seu corpo nem lá chega, vai ficar pelo litoral paulista.

– Não fala assim…

De qualquer modo, eu tentava me tranquilizar pensando que, pelo menos, estávamos indo para Macau. Imaginei que lá ainda se falasse português, e eu não me sentiria tão estrangeiro.

Imaginei errado. Lá só se fala mandarim – e uma outra coisa que eu não sei o que é. As ruas tinham nome em português e a tradução em chinês. Você pensa que vai encontrar alguém que fale português. E fica só no pensamento.

Quando chegamos ao hotel, havia um cara parado na porta (um cara que eu não voltaria a ver). Ele encostou no grandão e lhe entregou as chaves.

Nós entramos e fomos direto para os quartos, sem *check-in*, sem mostrar passaporte, sem nada. Éramos apenas os hóspedes de um hotel cinco estrelas. "Esquema pesado!", pensei. E, se quieto estava, quieto fiquei.

Mais ou menos uma hora depois o grandão reapareceu – ele falava um inglês fluente:

– Nós vamos ter uma negociação logo mais. Vamos encontrar com os primeiros caras que fazem falsificação de CD nessa área.

– E aí? – perguntei.

– Você tem que ter muito cuidado, porque vem um sujeito que cuida da segurança deles, e o cara também é chefe do Departamento de Polícia aqui em Macau.

– O cara é da máfia e é da polícia?

Pensei comigo: "Estou bem parado...".

Chegou a noite e o encontro não se concretizou. Ficou para a manhã do dia seguinte. Bate a mesma ansiedade, o tempo parece não passar. E a gente não podia ir para a rua porque, é óbvio, tinha alguém nos observando. Mas, por outro lado, eu pensava: "Se a gente não for para a rua, não age de maneira natural". E eu resolvi sair. Fomos eu e o cara da associação daqui do Brasil, o japonesinho.

Macau têm apenas quatro coisas, que se realimentam: jogo, prostituição (quase todas moças do Leste Europeu), droga e a máfia, que controla tudo isso. O Hotel Atlântico, com a fachada iluminada como se fosse o sambódromo, atrai turistas, criminosos, endinheirados, todos dispostos a se dividir entre um cassino meio caído, bebidas, show e garotas de programa – são tantas que os corredores estão sempre lotados de mulheres. Havia também um restaurante luxuoso.

– Vamos jantar lá nesse Hotel Atlântico.

– Por que, Marcelo? – pergunta o japonesinho.

– Para criar visibilidade. Para todos os efeitos, nós também somos do rolo, nós também somos bandidos. Bandido quer jogo, putaria, porque para bandido não tem o dia de amanhã. Vamos lá para esse hotel. A gente come, bebe, joga um pouco. Vamos dar as caras.

Ao chegarmos, o japonesinho se encantou mais com o corredor. Eu fui fazer o que não sei e não gosto: perder dinheiro para a banca.

Meu plano de trabalho estava montado. Robinson funcionaria como peão, não grudaria na gente. Ficaria isolado. A missão dele seria levar todo dia o material gravado para Hong Kong. Nós precisávamos ficar sem flagrante algum. Usaríamos as escadas internas do hotel para passar as fitas para ele. Eu já tinha flagrante até onde a alma desejava. Saí do Brasil com vários contratos de empresas laranjas ligadas às gravadoras, registros falsos de indústrias fonográficas e ainda levei másters de CDs, para possíveis reproduções – um deles ainda me causaria um grave acidente. O material dava cadeia por um punhado de anos.

Chegou o dia da primeira negociação – e eu sem saber do chinês grandão e do chinesinho policial. Isso não era bom. No primeiro encontro, eu levaria apenas o japonesinho da associação. Não pense você que não dá medo. Dá – e muito. Você apenas aprende a controlá-lo. Sempre digo: o medo é a porta de entrada para a coragem – assim como a valentia é a porta de entrada para a covardia. Precisávamos ter muita cautela, pois à mesa estaria o tal chefe da segurança dessa máfia, que também, como já disse, mas é bom repetir, era chefe do Departamento de Polícia de Macau.

Local do encontro: restaurante do meu hotel, quatro andares abaixo do quarto onde eu era apenas "o hóspede". De onde se conclui que estávamos sendo vigiados. Tudo bem, isso é natural num negócio como esse, que envolve milhões de dólares. Ou seriam bilhões?

Eu já tinha olhado o restaurante, bem ao estilo americano. Muito espaçoso, muitas mesinhas, muito claro. Eu sabia a disposição das mesas. Reservei uma retangular, bem no fundo, bem iluminada – eu precisava de luz para gravar com a microcâmera, que não tinha as qualidades das de hoje.

O encontro fora marcado para as 10 horas da manhã. Aí eu raciocinei: 10 horas é o horário em que estão terminando de servir o café da manhã e começam os preparativos para o almoço. Tudo bem, quanto menos tempo, mais direto ao assunto, melhor. Só que o restaurante funcionava 24 horas por dia. A conversa poderia se alongar – não era bom dar oportunidade aos olhos do policial corrupto.

Eu me programei para chegar por último, e desci depois de cinco minutos. Não se pode esquecer que eu era o "comprador" de uma remessa muito grande de CDs piratas. Eu representava para eles duas coisas: dinheiro e medo. Na mesma intensidade que eu sentia. Na China, apesar do grande mercado ilegal, o combate à falsificação e à pirataria é grande. O problema é que tem chinês demais para bons policiais de menos.

Em Hong Kong, ia esquecendo de dizer, no tempo em que fiquei esperando os contatos para ir a Macau, cheguei a pensar em ir ao encontro de um dos chefes do combate a pirataria e falsificação. Fui indicado por um policial brasileiro, amigo do cara. "De que lado o policial está?", pensei. Fiquei na minha, fiz a coisa certa: daqui a pouco eu o conheceria.

Desci. Na mão, uma pasta executiva preta com um buraquinho mínimo, quase imperceptível, com uma lente grande-angular minúscula enfiada ali, e o equipamento dentro gravando áudio e vídeo. Por cima eu coloquei documentos, jornal, para eu poder mexer na pasta, tirar alguma coisa, e assim não atrair suspeitas sobre uma pasta colocada bem do meu lado e virada para "os alvos".

O lado bom de o encontro ser num lugar público é que os caras não iriam me revistar. Mas há um risco sempre muito grande nessas operações com microcâmera, principalmente porque no Brasil, naquela época, os equipamentos eram ruins, tecnologia defasada. A pasta era um grande emaranhado de fios. O medo era da microfonia. Já pensou se eu estivesse na mesa negociando e começasse a dar microfonia? Meu Deus! Não, melhor: Meu Adeus!

Desci com uma das partes do plano já ensaiada com o japonesinho e o chinês grandão. Ora, pensei ainda no Brasil, eu não entendo absolutamente nada de chinês, e o japonesinho falava um ótimo inglês. Eu teria também à mesa – saberia naquele instante – o grandão, investigador particular pago pela associação das gravadoras, e o chinesinho, policial cara de moleque. Estariam ainda o mafioso dono do negócio da falsificação e o segurança-policial corrupto. Seis pessoas. Minha ideia ia dar certo: eles conversam em chinês, o chinês grandão traduz em inglês para o japonesinho e ele fala comigo em português. Isso me daria dois tempos de raciocínio, porque, enquanto o grandão falava em inglês, eu já estaria entendendo e pensando o que é que eu tinha que responder. Quando o japonesinho traduzisse para o português, eu estaria confirmando meu raciocínio.

Sobre a mesa retangular de seis lugares tinha uma toalha xadrez com uns vasinhos de flor em cima. Eu estava numa cabeceira e o mafioso na outra. Os vasinhos estavam me atrapalhando: "Vai aparecer mais flor do que qualquer outra coisa na filmagem". A fome que sentia me trouxe uma ideia: um café da manhã completo – o mesmo fez o chefe da segurança, que se sentava à direita do mafioso, e o chinês grandão, alojado no meio da mesa. O garçom teve que recolher os vasinhos para acomodar tanta comida. Área livre.

Eu negociaria uma remessa grande de CDs, mas o que eu precisava, na verdade, não era da remessa. Eu precisava receber o material falsificado para avaliar. Porque, quando eu recebesse aquilo, levaria para o quarto do cinegrafista Jorginho – ele filmaria o material, eu contaria uma história – o flagrante já estaria garantido na microcâmera.

Começou a negociação. Eu não sabia se blefava ou ficava olhando para o policial corrupto. Os olhos dele radiografavam tudo: "Esse cara é uma águia". Naquele momento, eu tinha que pegar a pasta e colocar de uma maneira que ficasse no nível da mesa. Tinha que ajeitar a pasta, sem deixar os caras desconfiarem, enquadrar – porque filmar o teto não ia adiantar nada – e negociar. Esse era o meu raciocínio.

E o raciocínio do cara? Porque a gente sempre tem que imaginar o que está passando na cabeça do outro. Os Estados Unidos têm uma presença muito forte ali – e os mafiosos veem agente do FBI nas sombras. E eu com essa cara, com esse tamanho.

Medo era o que mais transitava naquela mesa. Eles tinham medo de mim, porque não me conheciam. E eu tinha medo deles, porque sabia quem eles eram. E eles matavam. Novamente imaginei meu corpo boiando lá no delta do rio das Pérolas, e pensar naquela imagem não era nada agradável. O problema é que o primeiro momento desse tipo de reportagem é como se tirassem nossa virgindade. Depois você relaxa, mas, no início, é muito difícil. Ainda mais num país estranho.

Aí eu negocio daqui, negocio dali, traduz daqui, traduz dali, e o cara, o segurança, não tirava os olhos de mim. O negociante fazia as perguntas: Quantos milhões de CDs você quer? Quantos isso? Quantos aquilo?

Eu disse para ele que eu tinha os másters, ou seja, os originais a partir dos quais seriam feitas as cópias piratas. Eu tinha conseguido nas gravadoras no Brasil. Mas descobri que eu devia ter levado também as capas dos CDs, porque o máster é só para imprimir a música, e a ideia dele era entregar tudo já pronto, na caixinha, em domicílio. Isso mesmo, no Brasil:

– Como é que vocês me entregam?

– A gente entrega no Brasil. Você deixa o endereço e o material aparece lá. Ou, se você quiser, pode retirar no Paraguai.

Caramba. Eles usavam uma rota que sai da China, passa pelo Panamá, chega ao Paraguai, desembocando por Ciudad del Este.

– Tudo bem. Mas eu quero uma amostra.

Eu tinha levado másters do Leandro e Leonardo, do Zezé Di Camargo e Luciano, do É o Tchan, que estava estourando nas paradas, da Xuxa, da Angélica, do Alexandre Pires; tinha levado um monte, uns dez diferentes.

– Preciso de 24 horas – disse o negociante.

– Eu tenho o máster.

– A gente não precisa de máster, não, a gente já tem tudo aqui – respondeu o mafioso.

Os másters que eu levei eram de CDs que ainda não haviam chegado ao mercado. E os caras já tinham tudo lá. Das capas às músicas. E isso, lógico, só poderia ter saído de três lugares: das fábricas das gravadoras, dos estúdios ou das gráficas, onde eram feitas as capas. Ou dos três ao mesmo tempo. Por isso, o negócio envolvia tanto dinheiro.

Concordei. Porque sempre é preciso manter um eixo. Qual era o eixo? Negócio, *business*, dinheiro e produto.

– Como é que eu pago? – perguntei.

– Te dou uma conta no Paraguai ou no Brasil. Metade antecipada, metade na entrega. Você vai ter uma pessoa para acertar lá no Paraguai. Ou, se quiser, nos Estados Unidos.

– Essas amostras que você for fazer agora eu pago em *cash*. Agora, a remessa que eu quero é de um milhão de CDs, dividida entre os títulos – respondi, porque se eu peço um milhão de um título só o cara sabe que é mentira, pois não tem ninguém que venda um milhão de CDs. Quem havia me dado essa dica tinha sido o Fernando Ramazzini, aquele meu amigo, presidente da Associação Brasileira de Combate à Falsificação. Ele tinha dito:

– Divide, senão nego vai desconfiar.

Então eu dividi mais ou menos, para fazer um número redondo, cem mil de cada um. Eu disse:

– Para mim isso é um início de negócio. O que der resultado agora, vira dinheiro lá na frente. E como é que eu te pago aqui pelas amostras?

– A gente faz o seguinte: você me dá um sinal, eu rodo os CDs e recebo o resto na hora da entrega.

Mas o cara era malandro. No dia seguinte à noite, quando entregou a primeira remessa de CDs, não apareceu. O que ele fez? Ele usou o chinês pequenininho, o policial infiltrado, para ficar de leva e traz. Ele sumiu, mas ali estavam os CDs piratas. E a microcâmera tinha funcionado à perfeição: tudo gravado, nitidez de vídeo e áudio. Mas algo me incomodava: não era no mafioso que eu pensava, era no chefe da polícia. Estávamos num país estranho, e eu com 5 mil CDs falsificados.

E se ele resolvesse fazer uma graça, trocar a roupa de bandido pela de policial e me meter em cana? Porque um milhão de CDs para um negócio desse tamanho não é muito. Para um início de negócio é um bom número, mas e se ele estivesse desconfiado, achasse que era sacanagem? Fiquei com essa coisa na cabeça.

Eu não sabia o que fazer com todos aqueles CDs. Tomei uma decisão: sumir com tudo. Eu saí para a noite com o japonesinho, mas antes disso eu usei as escadas internas do hotel: deixei os CDs com Robinson e Jorginho.

– Vou sair, escancarar. Cassino, bebida, jantar. Vou rodar à noite. Se estiver sendo seguido, ótimo. Vocês ficam com o caminho livre, e dispensam tudo na água.

O delta do rio das Pérolas seria a sepultura dos CDs piratas da primeira negociação. E eu torcia para não vê-los nunca mais. Afinal, a água é suja, e eu não tenho tanta prática assim de mergulhar fundo.

Assim ficamos sem o flagrante. Mas a cara do tira do mal não me saía da retina.

Na manhã seguinte fomos para a segunda negociação. Apareceu um senhor baixinho, cabelo branco bem ralo – mais parecia um avô do que um "pirata". Com ele, um chinês de cara bexiguenta, cabelo oleoso e, reparei, uma pequena cicatriz do lado esquerdo da face – jamais saberei se o corte foi de navalha ou faca. Mas que foi uma das duas não tenho dúvida.

Observando melhor: o velho não era tão velho assim, mas era um homem gasto pela vida, porque o crime desgasta, e muito. A conversa foi no meu quarto, onde uma cama de casal dividia espaço com um aparador, uma mesinha e duas cadeiras. Sentei na beirada da cama – ao meu lado o japonesinho e o chinês grandão. O chinesinho dessa vez ficou de fora.

O quarto era uma arapuca: microcâmera na pasta, em cima de uma bancada, virada para a cara do velho. E ele, surpreendentemente, tinha o dom da oratória. Gostava de falar, de explicar, e eu esperando a tradução. E, quando veio, perdi o rebolado.

– Olha, eu tenho todos os meus contatos no Paraguai. Eu vou dar uma ligada para eles e ver qual é o melhor esquema para deixar tudo no Brasil.

Eu tremi. Sabe por quê? Porque eu já tinha feito várias matérias sobre tudo o que é tipo de crime no Paraguai. Da mesma maneira que eu estava filmando o cara, ele poderia estar me filmando. E se ele mandasse uma imagem minha, pela internet, para os seus parceiros paraguaios? Baixou em mim uma sensação que eu conheço bem: a da morte. Pois é, você sente um pequeno tremor, imperceptível para os que o rodeiam, mas a boca do estômago se contrai e a boca seca. Fiquei crispado, mas acabei fechando negócio com o velho. Não me lembro do valor exato, mas acho que, pelas amostras, pagaria algo em torno de 2 mil dólares. Dei a ele metade da grana.

– Amanhã à noite eu entrego – disse ele.

Do chinês para o inglês – e do inglês… que se dane, agora já fechei o negócio.

O velho era o dono da situação. E tinha os "amigos" do Paraguai. Não pense que foi um dia tranquilo: não fiz absolutamente nada, a não ser pensar todo o tempo em como escapar caso ele descobrisse quem eu era. E aí tomei uma decisão, logo anunciada para a equipe:

– Vou procurar uma porra de um restaurante português nessa terra portuguesa onde só se fala chinês, só se vê chinês e que de portuguesa não tem nada.

Encontramos bolinhos de bacalhau, tripa à moda do Porto, umas garrafas de vinho – pelo menos tive o direito de escolher a última refeição, igual ao corredor da morte a que assistimos no cinema. À noite fui rodar pelo mesmo Hotel Atlântico, mas agora não mais para chamar a atenção, caso alguém me seguisse. Fui mesmo para baixar um pouco da minha adrenalina:

– Aquele velho pode estar blefando – eu tentava me animar.

O velho era atrevido. Trinta e poucas horas depois do nosso encontro, eis que batem à porta do quarto: sujou! Era ele – e não é que sabe falar inglês? No dia anterior só falou mandarim e agora, sozinho, vem inesperadamente ao meu encontro falando inglês e tendo uma certeza: a de que eu entenderia e estava só fazendo "teatro".

– Os CDs já estão prontos.

– Cadê?

– Não, não. Tem que sair comigo para pegar.

Era noite, cerca de 21h30, meu terceiro dia em Macau. Não mandei o velho entrar, mas quando olhei ele já estava no quarto, sentando na mesma cadeira:

– Vamos, que tenho pressa.

Primeiro, pensei: "eu vou, paciência". Mas aí pensei de novo: "Porra, eu não vou bancar isso, não. É muito forte. Não sei se esse velho tem ligação com o primeiro grupo, e pode ser uma bucha de canhão do tamanho de um bonde". Fiquei medindo a situação, porque nessa hora é preciso avaliar tudo, sem demonstrar medo, se é que isso é possível. Nada é muito simples. Só é simples quando você vê na televisão. Você tem que trabalhar muito com sua intuição – e, como já disse e já disseram, a intuição é o olfato da mente. Na verdade, você tem que trabalhar com sua intuição o tempo inteiro na vida, mas, nessa hora, muito mais.

Então, decidi não ir. E novamente batem à porta. "É agora, lascou. Lá vem o guarda-costas...", pensei.

Não ando armado, não gosto de arma, até conheço alguma coisa – mas naquela hora gostaria de estar com uma. O tempo fechava. Começava a faltar oxigênio e meu pensamento me traía. "Já era, Marcelo. Já era."

Mas quem batia à porta era o chinês grande, o tradutor do mandarim para o inglês:

– Tudo certo, Marxuelo? – disse ele, e era mais ou menos assim que ele pronunciava meu nome, uma mistura de Marcelo com marshmallow, aquela coisa gosmenta branca e doce que nos deixa a um passo da diabetes.

– Chegou em boa hora.

E fiquei olhando a reação do velho. O malandro não disse nada. Peguei o dinheiro, dei na mão do chinês grande, que usava na lapela do blazer uma microcâmera:

– Vai buscar a primeira remessa dos CDs com ele. Estou com uma baita *headache.*

Fui salvo, se é que ia acontecer mesmo alguma coisa, pela dor de cabeça (ou *headache*, como dizem em inglês). E, se acontecesse, o que seria um chinês a menos para um país com mais de 1,8 bilhão de pessoas?

Eles saíram. Meia hora depois, o grandão voltou com um monte de caixas de CD:

– O cara está apavorado.

– Por quê?

– Ele andou, andou, deu uma volta longa, e, de repente, parou num canto, numa rua aqui perto, e tirou os CDs do porta-malas de um carro que estava lá, parado. Botou no chão, foi embora e disse que é para eu ligar amanhã, para pegar a segunda remessa. E tudo está filmado.

Era um com medo do outro. O velho queria ver se tinha alguém seguindo, se era uma arapuca para ele ser preso, se a gente trabalhava para outra máfia, se a gente era realmente "negociante" ou se éramos agentes do FBI. Não consigo entender bem, mas todos, sem exceção, têm medo do FBI. Acho que eles assistem sem parar aos filmes de Hollywood – os sujeitos estão do outro lado do mundo, na terra deles e, mesmo assim, só pensam em agentes americanos.

Mas vamos em frente: recebemos os CDs. Carla Perez e Scheila Carvalho estavam na minha cama. Isso, na minha cama. É que espalhei os CDs todos em cima da cama, e aí gravei rapidamente umas passagens, aquele momento em que o repórter aparece na matéria, tudo em microcâmera. Eu não precisava estar no flagrante da entrega, risco desnecessário. Porque uma coisa que se tem que eliminar é a intenção do perfeccionismo, senão a casa cai. Lembrei-me de uma frase dita sei lá por quem: "A prática leva à perfeição, exceto na roleta-russa". Era isso que eu queria evitar.

Depois que gravamos a imagem de todos aqueles CDs em cima da cama, demos fim a eles igualzinho aos anteriores: foi tudo para o fundo do delta do rio das Pérolas, que, aos poucos, estava se transformando nas águas mais musicais da China.

A essa altura eu tinha feito dois pagamentos, recebido duas remessas e, no dia seguinte, na hora do almoço, teria o encontro com a terceira máfia.

Na noite anterior, o Robinson havia viajado de Macau para Hong Kong, levando os másters embora (que era o único flagrante que nós tínhamos ali) e levando também algumas amostras dos CDs, para deixar no cofre do baita hotel, onde ainda mantínhamos quartos alugados. Agora eu carregava apenas dinheiro e o corpo, sempre retesado. Ah, carregava também um nome falso, escolhido pelo chinês grandão, para nos hospedar em Macau.

Saí para a noite. Ventava gostoso, uns 22 graus. Conforme me aproximava do hotel da jogatina, o cheiro do ar mudava – eram aromas de fritura, perfume barato das putas e álcool, muito álcool. Fiquei só vendo o jogo; na verdade, apostei uma coisinha, só para dizer que eu estava por lá. Comi um pato laqueado, tomei uns goles, fiquei relaxado. Pelo menos se alguém estivesse me vendo, eu parecia relaxado.

Voltei para o hotel. Falei com os meninos da equipe, Robinson e Jorginho.

– Vamos acordar às 7 horas. Não falem nada com os outros.

Até o japonesinho eu deixei de fora. Ele saberia no café da manhã minha nova ideia:

– Arrumem as coisas. Nós vamos embora.

Não falei nada também para o chinês grande, e o chinesinho tinha sumido. Ele era o elo, porque, teoricamente, ele era da máfia.

Sete da manhã não é meu horário preferido. Tomei o café e avisei ao japonesinho que era hora de partir. Foi então que chegou o chinês grande:

– O encontro está marcado para 1 hora da tarde.

– Aborta – eu disse.

– O quê?

– Aborta. Diz que nós já fizemos negócio. Que eu não tenho mais interesse.

Porque, queira ou não queira, eu também estava desconfiado do grandão e do pequenininho. Eu não sabia quem era quem.

– Mas como é que faz? – perguntou ele.

– Aborta. Eu estou indo embora.

– Que horas você vai embora?

– Agora.

E me mandei.

O Robinson tinha ido na frente, com o resto do material, na madrugada. Estávamos só eu, o cinegrafista e o japonesinho. Daí o chinês grande disse:

– Mas o cara vai desconfiar!

– Não, não tem que desconfiar de nada. Diz que eu já fiz negócio, que eu já estou satisfeito e já resolvi o meu problema.

Nós tínhamos localizado algumas fábricas de CDs, que ficam em edifícios enormes. Eles alugavam os andares e metiam o pau na máquina. No caminho, filmei os prédios. Num outro carro, gravei uma passagem dizendo "Olha, as fábricas são aqui" etc. e tal. Cheguei a entrar numa, gravei rápido, antes que fosse notado: é um entra e sai que você acaba sumindo na multidão.

Tchau, Macau. Era a intuição falando: "a única certeza da perfeição é que nunca conheci quem a alcançou".

A essa altura já tínhamos no cofre, em Hong Kong, tudo prontinho e bem escondido. E lá ainda arriscaríamos entrar num local onde se faziam falsificações. Filmei com microcâmera. Eu já estava mais confortável, quando o Robinson lembrou:

– Tem uma máfia, aqui em Hong Kong, para encontrarmos. Tenho os contatos que consegui naquela semana no Paraguai.

– Olha, vou dizer uma coisa para vocês: a gente já está com tudo resolvido, não vamos inventar. Vamos é sair por aí, fazer um baita de um jantar, sossegados, e botar um equilíbrio entre endorfina e adrenalina, chega. A gente já tem a rota, já tem o contato para receber no Paraguai, já tem a encomenda, a gente já tem tudo. Não vamos inventar.

Mas a frase "não vamos inventar" era sofismática, porque, quando estávamos jantando e com a garrafa de saquê já pela metade, eu disse:

– Pensando bem, vamos para os Estados Unidos. Lá falsificam muito e eu conheço um cara que pode nos ajudar a armar alguma coisa.

O japonesinho tremeu:

– Eu não vou.

Ele amarelou mais do que a própria raça. O chinês grandão também tinha resolvido deixar Macau – à tarde apareceu no nosso hotel. Falou meia dúzia de palavras, um "já volto" e desapareceu. Eu ligava para o cara e o celular já não atendia. Não dava sinal, a opção de recado em caixa postal já era, nada. Aquilo me preocupou. Não dava para dar chance ao azar.

– Mas como você não vai? – perguntei para o japonesinho.

– De jeito nenhum. Para os Estados Unidos eu não vou.

Pensei que sem ele seria complicado. Porque eu o usava bem.

– Mas como? Você não estava com medo de se quebrar na China e está preocupado com os Estados Unidos?

– Não vou, não vou.

Eu fiquei chateado, mas deixei para lá. Iria usá-lo de outra maneira: ele traria aquela primeira remessa de material gravado para o Brasil. Ele embarcou de manhã para São Paulo e nós, à tarde, para os Estados Unidos.

Nesse meio-tempo, o Robinson descobriu que ele tinha levado um pacote de fitas gravadas das microcâmeras e das Betas, mas duas tinham ficado conosco. Saímos de Hong Kong e deixei por lá um peso grande, sem saber que o risco maior ainda estava por vir. Íamos ser traídos.

Miami é quase que uma "cidade brasileira" mais ao norte. Há também todos os falantes de língua espanhola. Quer dizer, Miami só é Estados Unidos por acaso. E, não por acaso, a lei, infelizmente, é dos Estados Unidos. Em dois dias eu entenderia por que o japonesinho tinha corrido.

– Não vamos ficar em hotel cinco estrelas nem em Miami Beach, vamos ficar num hotel mais isolado, para não cruzar com brasileiros, porque isto aqui é uma colônia brasileira gigante, e alguém pode me reconhecer – falei para os meninos.

Ficamos num hotel desses de dois ou três andares, afastado cerca de uns 30 minutos de Miami Beach. Eu tenho por hábito andar por toda região onde eu estou "morando", para saber, geograficamente, como ela funciona: a topografia, a rua que sai, a rua que entra, o bar, o supermercado etc. Assim, numa emergência, sei por onde correr. Eu tinha feito isso em Macau, tinha feito isso em Hong Kong. Agora fazia o mesmo em Miami.

Acordei no outro dia bem cedo e fiquei umas duas horas caminhando, porque às 10 horas ia aparecer o meu elo "ganso". Traduzindo: aquele que entrega tudo. Lógico, levando alguma vantagem.

E quem era a ponta? Um porto-riquenho, detetive particular, que morava há muitos anos nos Estados Unidos e receberia uma grana das gravadoras brasileiras para me "ciceronear". Sentamos no café do hotel. O cara era meio gordinho, feito aquele ator, o Danny DeVito, só que um pouco maior, além de ter um bigodão cafona.

– Você foi recomendado pelo Fulano – eu disse, mas aqui não posso falar o nome de quem me recomendou. – E aí?

– Eu tenho duas pontas – respondeu ele. – Em tal e tal lugar se faz CD pirata. Dá para fazer negócio lá.

E eu tinha sempre na cabeça o seguinte: não são só as fábricas pequenininhas que fazem o esquema, tem empresa grande metida no rolo. Na China nem tanto, mas, nos Estados Unidos, eu tinha claro que havia um excedente de produção. Isso era colocado na pirataria, e dane-se.

Eu tinha levado um monte de documentos falsos. Contrato de gravadoras, firmas fantasmas, a banca tinha de tudo para o freguês escolher.

– Se você quiser a gente faz negócio agora – disse o detetive porto-riquenho.

– É claro que eu quero.

Eu só pensava numa coisa: voltar para o Brasil. A parte da China estava muito bem resolvida, aquela história americana seria apenas a confirmação de uma certeza.

Batemos no primeiro endereço, a cerca de uma hora e pouco de Miami: Fort Lauderdale. Era uma empresa que fazia gravações no oficial – e ganhava dinheiro na pirataria, um monte de máquinas imprimindo CDs. Lá encontramos um rapaz, mestiço de mexicano e americano. Conversamos muito, mas ele estava desconfiado, e resolveu dar uma de honesto:

– Mas vocês têm autorização das empresas?

É óbvio que ele sabia que não. Se eu tivesse autorização da EMI, da Som Livre, eu não ia fazer pirataria naquele buraco. O cara perguntou porque não sabia se a gente era policial ou não. Ele deve ter pensado: "De repente eu topo, ele entrega o dinheiro na mão e *pá*, 'FBI, você está em cana'". Eu estava nos Estados Unidos. O fio da navalha sempre perto do pescoço.

Eu mostrei as autorizações para o cara, mas elas, obviamente, não queriam dizer nada para ele, porque estavam escritas em português. Ele olhou, riu cinicamente e concordou. Caso desse algum problema, ele ganharia a causa em juízo. Era só alegar algo como "O policial me enganou, me mostrou essa autorização, eu fiz de boa-fé".

Então, contei nota a nota 2,5 mil dólares, colocados na mão do moço, que estava sendo gravado na microcâmera. Ele foi preparar a primeira remessa.

Fui para outro local e foi a mesma coisa.

No fim do dia, eu já tinha uma montoeira de coisa gravada. Então, quando eu cheguei ao hotel, disse para os meninos:

– Nós estamos nos Estados Unidos. Aqui a gente entra em cana. Lá na China nos matam, mas aqui é uma cadeia monstro até a gente conseguir sair. Vamos pelo menos nos livrar das fitas gravadas.

Tive uma ideia. No quarto deles, sempre separado do meu, o forro do banheiro era feito de placas de isopor. Levantei uma placa e meti ali todas as fitas. Bom esconderijo. Fiz o mesmo no meu banheiro: escondi os documentos, os másters, toda a papelada.

Eu tinha marcado um novo encontro com o porto-riquenho na manhã seguinte. Quando ele chegou, eu disse:

– Quero ir a uma gravadora grande que faz sacanagem.

O porto-riquenho quase deu para trás. Ele iria me trair.

– Tá bom, eu conheço uma.

E lá fomos nós para uma das maiores gravadoras de Miami, que imprimia para as grandes da indústria fonográfica.

Comentei com o Robinson:

– Assim a gente arrebenta a boca! Já temos duas negociações completas na China, mais duas pequenas americanas, e nós vamos mostrar que as grandes fazem também.

Chegamos em frente à fábrica. Era tudo arrumadíssimo, bonito pra burro. E veio o dono, um rapaz de uns 35 anos. Começamos a negociar, expliquei o que eu queria, para onde ele deveria mandar o produto, se eu podia receber fora dos Estados Unidos. Tudo ia dando certo, ele deu o mesmo golpe:

– Mas você tem autorização?

– Tenho – respondi, e mostrei. Tudo em português.

Ele recebeu o dinheiro. E tudo sendo gravado. Ora, quando ele topou lendo um papel e recebeu um dinheiro adiantado, pensei: "Ele já está no crime; é óbvio que ele faz". E fiquei tranquilo.

Saí com os meninos, já na hora do almoço, e disse para o porto-riquenho:

– Não preciso nem pegar o material, já está configurado o crime.

– Mas ele disse que nos entrega a remessa amanhã – falou o porto-riquenho.

Era uma remessa de mil CDs, só para eu testar. Pensei comigo: "não quero pegar o material aqui, porque não quero ter flagrante". Só o fato de eu ter a imagem de todo o diálogo e do cara recebendo o dinheiro, sem recibo, sem nada, já configurava crime.

Mas eu percebi que o porto-riquenho sentia um certo incômodo pela fábrica grande. Porque é diferente. Quando você pega bandido é uma coisa, quando você pega uma indústria pequena é uma coisa, mas quando se pega uma grande, estoura um pepino grande.

Voltei para o hotel:

– Acabou. Hoje terminou nosso trabalho. Vamos tirar 24 horas de folga porque aqui estamos limpos, não tem flagrante, não tem nada. Vamos embora amanhã, à noitinha.

Fomos jantar, dormimos, e de manhã eles resolveram filmar a cidade.

– Tudo bem, mas filmem pontos turísticos, porque acabou nosso trabalho. Eu vou ficar no hotel lendo.

Eu não queria andar na rua. Tinha muito brasileiro por lá e eu preferi ficar recolhido. Fiz minha ginástica, dei minha caminhada e estava ali quando os meninos chegaram e foram para a piscina. Ficaram jogando bola na piscina, um para o outro, igual dois babacas, e de onde eu estava lendo, na varanda do meu quarto, eu via os dois lá brincando de bola. Aí tocou o telefone. Era o porto-riquenho.

– Markcielo – o detetive pronunciava meu nome assim –, some do hotel que o FBI está atrás de vocês.

– Como é que é?

– O cara da fábrica grande desconfiou que era uma arapuca e denunciou vocês.

A história me soou mal. Pensei: "se o cara da empresa grande desconfiou, ia nos denunciar para o FBI para quê? Ele recebeu o dinheiro, ele está no crime!". No entanto, uma coisa é o que você pensa, outra coisa é o que você faz. Desci correndo até a piscina e falei para os dois:

– Arrumem as coisas porque sujou.

Fui para o quarto e tocou o telefone. Era o Amauri Soares, meu diretor, ligando do Brasil:

– Se manda daí. A Polícia Federal ligou para cá e vocês vão entrar em cana.

Aí eu tive certeza que ia entrar em cana mesmo. Eu disse para os meninos:

– Eu vou liberar os flagrantes.

Do forro do banheiro do meu quarto saíram os másters, os documentos falsos, tudo. Aí é que está a vantagem de você conhecer os arredores. Eu sabia onde ia jogar fora o flagrante. Do lado do hotel havia uma praça com uma igreja. Pensei: "Vou andar em torno dessa praça para ver o que acontece. Se o cara me meter em cana, vou só eu, os outros dois estão sem nada. Para todos os efeitos, se eles acharem as fitas, são minhas também, está tudo certo. É mais fácil um ser preso e dois ficarem soltos para gritar". Dei a volta por ali e vi que não tinha ninguém me seguindo.

O problema era que estávamos no meio da tarde em um bairro residencial, e isso é perigoso, porque as crianças estão chegando da escola, começavam a brincar na rua, tem um monte de velhinhas sentadas... E eu tinha que jogar aquilo tudo fora, devagar. Minha ideia era jogar nos bueiros. Quando eu testei, o máster não passou entre as grades. E ainda cortou minha mão. O máster é uma bolacha de ferro, três vezes maior que um CD comum, e a extremidade corta como se fosse uma lâmina. Comecei a sangrar. "Uma senhora dessas vai me ver sangrando e, ligar para a polícia, é agora que eu estou ferrado." Fiquei chupando o dedão cortado, cicatriz que carrego até hoje.

Daí descobri onde poderia jogar o material: no cemitério. Bem pertinho dali. Eu sabia, ficava umas seis ou sete quadras para trás. Fui até lá. Só que aí...

– Olha, o senhor não pode entrar. O cemitério fecha em cinco minutos.

"Pronto, lascou!", pensei. Eu não queria jogar fora todas as provas de uma vez só. Queria espalhar. Com o dedo sangrando, o cemitério fechado, fui jogando o que dava no bueiro. Eu abaixava para amarrar o tênis e *pum*, jogava um papel e depois jogava outro. Os másters de CD joguei dentro de uma caixa de correio!

E lá fui eu com a mão sangrando, chupando o dedo. Era um corte desses superficiais, mas que sangram muito. De um orelhão, liguei para o Brasil. Eu já tinha pedido para eles arrumarem um voo qualquer para nós.

– Olha, não estamos conseguindo – disse o Amauri.

– Vou para qualquer canto. Eu tenho é que sair dos Estados Unidos, mesmo que eu vá para um lugar que tenha que ter visto e, quando eu chegar lá, eles me mandem de volta para o Brasil. Não tem problema. Eu tenho dinheiro vivo no bolso. Esquece: deixa que eu resolvo.

Nisso, os meninos tinham arrumado nossas coisas. A van do hotel já estava com tudo carregado. Pedi para eles entulharem minha mala, enquanto eu ia tirar a bermuda (para me livrar do material, tinha saído de bermuda, como se fosse caminhar). Eu já não tinha mais flagrante. Botei uma calça, a camisa ficou a mesma, entrei na van e relaxei. Liguei para o porto-riquenho, que disse:

– Vocês ainda não saíram daí? Vocês vão ser presos.

Aí percebi o que tinha acontecido (o que se confirmou depois). O porto-riquenho tinha ligação com a indústria fonográfica grande. Falou com a associação de lá, que bancava a investigação dele: ele tinha nos entregado. Os interesses entre associação e grandes fábricas não podiam ser tocados. E tinham sido por nós. Mostrar que uma fábrica grande de lá também trabalha na pirataria era arrumar um problema ainda maior. Como intervir nas grandes? Milhões de dólares de suborno, corrupção em jogo.

Chegamos ao aeroporto de Miami. Olhei o letreiro e o primeiro voo sairia para Moscou, Rússia. "É nesse que eu vou", pensei. Eu precisava sair dos Estados Unidos.

– Vocês não conhecem Moscou? Vão conhecer.

Mas antes de qualquer coisa resolvemos passar no guichê de uma companhia brasileira. E descobrimos que havia um voo para São Paulo que ia decolar em 20 minutos. O atendente me reconheceu:

– Marcelo, tudo bem?

– Tudo bem – respondi. – Esse voo está saindo, não está?

– Vai sair em 20 minutos, já está fechando.

– Tem lugar?

– Não.

– Nem na primeira classe?

– Tem quatro lugares livres na executiva.

– Me dá três.

– Como é que você vai pagar?

– Em dinheiro, para não ter novela.

Eu não queria deixar nem rastro de cartão de crédito. Justamente por isso eu estava pagando tudo em dinheiro desde o início da viagem.

Aí o cara pegou nossas bagagens, despachou tudo. Eu disse:

– Não vamos levar nada na mão, nada. Libera tudo.

Assim fizemos. A coisa mais difícil que tem é entrar nos Estados Unidos, ainda mais agora, depois dos atentados de 11 de setembro de 2001. Mas a coisa mais fácil era sair. Hoje em dia nem tanto, mas antes ninguém nem via quem saía dos aeroportos de lá. Porque a premissa nos Estados Unidos era: entrar é difícil, depois que você está dentro sai a hora que quiser – ou quando o prazo concedido pela imigração terminar.

Alertei os meninos:

– Vão vocês dois porque o alvo ainda sou eu. Eu é que dei a cara na negociação.

Eles entraram pelo portão e foram embora, e eu fiquei olhando para eles lá embaixo, no corredor. Quando eles sumiram de vista, pensei: "agora vou eu, e seja o que Deus quiser". Fui. Eu não estava com medo, estava em pânico. Afinal, por mais tranquila que fosse a vigilância, tinha um monte de policial fardado e um monte à paisana.

Entrei no avião, normal. Uma aeromoça e um comissário que me conheciam notaram minha cara de apavorado. É impressionante, por mais que você disfarce não dá para esconder.

– Você estava fazendo alguma bobagem aí, não estava? – perguntou a aeromoça, que seria minha amiga por muitos anos.

– Estava, mas só conto depois que decolar.

Ela viu a minha mão cortada.

– O que é que houve?

– Depois eu conto. Faz um favor. Depois que o avião decolar, pega água oxigenada e vamos desinfetar isso, porque está ardendo. E, agora, não me dá uma garrafa de champanhe, me dá um balde, que eu vou tomar igual a cavalo com sede.

A porta do avião foi fechada, a aeronave começou a taxiar. Relaxei. Já estava na terceira taça de champanhe, tomando igual água. Nisso, quando estávamos prestes a decolar, o avião parou: "Mandaram voltar, vou ser preso", pensei.

Depois de uns dez minutos – que pareceram uma eternidade –, o comandante disse:

– Tem uma espécie de tornado vindo de Fort Lauderdale e nós temos ordem da torre para esperar.

Relaxei de novo, sem saber que o estresse não tinha terminado. Passados mais uns dez minutos, o avião decolou. Cuidei do meu dedo e contei uma história para a aeromoça. Uma história tão dramática ao ponto de ela cuidar de mim por muitos e muitos voos.

Chegamos ao aeroporto de Guarulhos, em São Paulo. Que alívio! Peguei minha mala.

– Vocês vão comprar alguma coisa no *free shop*? – perguntei aos dois.

– Não.

– Então esperem aqui, eu vou comprar um negócio rápido.

Voltei com algumas garrafas de champanhe. Robinson e Jorginho estavam brancos, lívidos: "Aqui ninguém me prende, eu não cometi crime nenhum aqui!".

Perguntei:

– O que é que houve? Por que vocês estão com essa cara?

– Nós esquecemos as fitas.

– O quê?

– Nós esquecemos as fitas no hotel, no forro do banheiro.

– Eu não acredito!

– Esquecemos.

– Vou matar vocês.

Depois disso tudo, eu só tinha metade de um trabalho – lá tinham ficado duas fitas gravadas na China e tudo, exatamente tudo, dos Estados Unidos.

Amaury Trolize, então chefe dos cinegrafistas da Globo em São Paulo, é um profissional brilhante e, nos seus quase 1,90 metro de altura por muitos metros de largura, um companheiro raro de se encontrar. Está sempre disposto a ajudar. Ele conhecia uma pessoa de uma agência de viagens em Miami. E a pessoa se hospedou no mesmo quarto dos meninos, pegou as fitas no forro e mandou-as para o Brasil pelo malote da agência.

Nós botamos a matéria no ar no *Fantástico*. Semanas depois, recebo um telefonema de um advogado paraguaio especialista em contrabando e falsificação. Meu amigo Mario estava em Ciudad del Este, fronteira com Foz do Iguaçu:

– Marcelo, uns chineses daqui foram contratados para te matar. É a bronca da reportagem. Teve gente presa lá.

Mas essa é outra história.

- 10 -
Linha direta com o Maníaco do Parque

"Elogios tornam os bons melhores e os maus piores."

Eu preciso descansar – era o mesmo pensamento martelando minha cabeça nesses meados de agosto de 1998. Eu estava parecendo garota de programa – não parava quieto, era uma encomenda atrás da outra. Fui deitar, perto das 10 horas da noite, quando o telefone da mesinha de cabeceira tocou: era o Carlos Schroder, então diretor executivo da Central Globo de Jornalismo e hoje diretor geral da Globo.

– Marcelo, o Evandro [Carlos de Andrade, na época o diretor geral da CGJ] mandou perguntar se você quer ir fazer um programa na Central Globo de Produção.

A CGP cuida de toda a parte de dramaturgia, de toda a programação da Globo, exceto de jornalismo.

– Schroder, mas como é isso? Eu já estou meio dormindo...

Como se vê, na maioria das vezes me ligam na hora em que eu já estou dormindo.

– Olha, a gente não sabe qual é o projeto, mas eles estão pensando em fazer um programa misturando jornalismo e dramaturgia. A Marluce [Dias, vice-presidente da empresa] perguntou ao Evandro se podia consultar você e ele me pediu para fazer isso. E estou fazendo.

– Olha, por mim tudo bem.

– Você não quer pensar?

– Não. Eu vou ver o que eles querem, pode ser?

– O Talma [diretor de criação da CGP] vai te ligar.

– Está bem.

Acabou a conversa, desliguei o telefone e continuei dormindo. Dali a pouco, faltando exatamente 20 minutos para a meia-noite, o Talma me ligou.

– Oi, Marcelão, tudo bem?

– Tudo certo. Estava tudo tão certo que eu estava até sonhando.

– O Schroder me ligou dizendo que você topa fazer o projeto.

– Topo, sim.

– Então vamos nos encontrar amanhã. Estou indo a São Paulo e a gente se vê na Globo da Alameda Santos.

– Combinado.

No dia seguinte, cheguei à Globo, procurei pelo Talma e ele estava em reunião – que demorou muito, por sinal. Eu peguei um livro e fiquei lendo. Na verdade, já estava um pouco de saco cheio de esperar, mas, por outro lado, minha curiosidade era enorme. Fiquei lá umas duas horas esperando o Talma. Ele, à primeira vista, é uma pessoa meio séria, que vai passando sem olhar para os lados. Mas Talma é uma doçura, extremamente meigo, uma das pessoas mais sensíveis que conheço. Conviver com ele foi um dos privilégios que a vida me concedeu.

Finalmente, ele apareceu:

– E aí, como é que é? Vamos fazer o programa?

– Ué, vamos! – respondi.

– Então vamos conversar amanhã.

Eu fiquei meio puto. Pô, esse cara me deixa esperando mais de duas horas para dizer que vamos conversar amanhã? Por que não me disse isso antes? Mas, como eu continuava curioso, concordei. Marcamos de nos encontrar numa produtora que ele tinha em São Paulo, no bairro do Itaim Bibi.

No dia seguinte, lá na produtora, cheguei e logo perguntei a ele:

– E aí, como é que é o programa?

– Não sei, Marcelo.

– Ora, primeiro você me tira da minha casa, me faz esperar duas horas e pouco, e nada; agora você me diz que não sabe?

– Marcelo, eu não tenho a menor ideia. É exatamente esse o nosso desafio. Fazer um programa juntos.

Por que fazer um programa, se a grade da Globo estava estabilizada bem ao gosto do público? Havia um motivo real. O Ratinho, que trocara a Record pelo SBT, ia se firmando na audiência. Ele e mais uma meia dúzia bolaram um programa com coisas do tipo: exame de DNA, briga de marido e mulher, sogra que traiu o marido com o genro, essas maluquices que ele faz tão bem até hoje e que o povão adora. Ratinho percebera que, naquele momento, o ponto fraco da Globo era a noite de quinta-feira: havia o *Você Decide* – um programa que já estava gasto na fórmula – e o *Zorra Total* – que hoje voltou a ser um sucesso, mas, na época, estava "meio barro, meio tijolo".

E o que é que o Carlos Massa, o nosso Ratinho, fez? Começou a preparar os casos para o desfecho acontecer exatamente na quinta. Assim, ele foi crescendo na audiência. Chegava a dar 33 pontos de média, um fenômeno, enquanto a Globo ficava nos 24. Imagina o que é isso para uma estrutura caríssima e tão bem montada como a da TV Globo.

Mas aí, embora o ponto central de ataque do Ratinho fosse a quinta-feira, o programa começou a atrair a atenção todos os dias da semana. Notava-se, claramente, que na quinta ele crescia muito, mas, no resto da semana, estava começando a pegar – a tática era começar o caso na segunda e ir arrastando até o dia escolhido como chave.

A solução para derrubar os pontos da atração do Ratinho, pensava a direção da Globo, seria criar um programa de grande apelo popular, novo. Dia escolhido: isso mesmo, quinta-feira, porque dar 33 pontos de média em cima da TV Globo, que tem, por si só, uma audiência inicial gigante, não é para qualquer um.

O desafio estava nas nossas mãos. Talma e eu começamos a discutir algumas possibilidades, mas não sabíamos direito o que fazer.

Tínhamos uma ideia-base. No início da década de 1990, a Globo colocara no ar um programa chamado *Linha Direta*, com o jornalista Hélio Costa, que viria a ser senador por Minas Gerais e ministro das Comunicações. O programa ficara na programação apenas 14 semanas e tratava de extraterrestres, óvnis e por aí afora. Sugeriram que a gente resgatasse pelo menos o nome.

A partir daí, sob o comando do Talma, convocamos algumas pessoas. Chamamos o produtor-editor que trabalhava comigo no *Fantástico*, o Aroldo Machado, e também o Tim Lopes, que morreria anos depois terrivelmente barbarizado e assassinado no Complexo do Alemão, no Rio. Juntamos essas pessoas e mais algumas outras como uma base, um ponto de partida, mas o que iríamos fazer? Era a questão que nos atormentava.

A primeira coisa que brotou da nossa conversa foi o seguinte: vamos fazer um diagnóstico das coisas que mais indignam as pessoas. Nisso nós fomos pontuais: a impunidade era o ponto central. Mas a questão era: como trabalhar isso?

Depois de muita conversa, chegamos a um consenso de mesclar jornalismo e dramaturgia, como tinha sido estruturado o antigo *Linha Direta*. E ousar: usar crimes, a maior parte assassinatos, famosos ou recém-acontecidos. A parte da dramaturgia seria usada para mostrar os casos em detalhes – porque, fora a vítima e o criminoso, ninguém nunca sabe ao certo o que aconteceu.

Quando falo em ousar, talvez seja melhor explicar com todas as letras: criar uma linguagem até então desconhecida da TV Globo. Mostrar em horário nobre crimes que, nas simulações, mostrariam violência – muitas vezes exagerada –, mas sob o selo da credibilidade do jornalismo. Não seria tarefa fácil, como não foi, fazer o comitê executivo da Globo aprovar um salto tão grande. E, nesse salto, eu cairia frente a frente com o Maníaco do Parque. Mas isso é assunto para daqui a pouco.

Num crime, o que talvez tenha menos importância seja a vítima em si. Mesmo num tribunal, a vítima é apenas um pano de fundo. Na verdade, conforme já foi dito e eu concordo, o tribunal são sete jurados para escolher o melhor advogado.

E aí eu disse na reunião:

– Um corpo tem uma vida toda ao redor dele. Há a família, a testemunha, aquele que não é da família, mas se relacionava com ela, a dor que persistirá e que ainda está presente e a cadeia de acontecimentos que levaram ao crime. É esse drama que temos que mostrar no programa – e, para encerrar meu ponto de vista com uma frase de efeito, completei: – Quando você olhar um corpo, não veja um defunto, veja a vida, por tudo que está ali ao redor.

Talma, que só fala o necessário na hora certa, gostou: vi no olhar dele. Estava começando a conhecer meu futuro amigo. Agora já tínhamos a "roupa" que vestiria o novo *Linha Direta*: o jornalismo como linha mestra, o racional, e a dramaturgia como um mix entre o racional e o sentimento. Os planos dramatúrgicos, até mesmo nas entrevistas, é uma arte que Talma conhece como poucos. Essa seria a toada do programa.

Isso é muito simples de dizer agora, mas vai pensar isso assim do nada!

Uma bela noite, estávamos Talma e eu na casa em que ele morava, encravada entre os bairros um dia sofisticados do Morumbi e Cidade Jardim, em São Paulo. Era uma casa grande, pintada de cor ocre, com dois pequenos jardins. Parecia sempre passar na casa uma ventania:

tudo meio fora do lugar. Um entra e sai lascado de gente. Ali Talma mantinha algumas ilhas de edição, equipamentos nos quais você vai montando os programas.

Sentado à mesa da cozinha, Talma enfrentava mais uma vez a agulha da seringa: a diabetes sempre alta o obrigava ao martírio das doses de insulina.

– Estou com fome – dizia ele, enquanto se picava com a maior naturalidade. Como escapar do inevitável? Nada o fazia parar de comer e beber.

Eu morava ali perto:

– Vou em casa buscar uma dobradinha – disse, referindo-me ao que alguns chamam de tripa. Ele adorava. E eu adoro cozinhar.

Eram 3 horas da manhã. Eu dava os últimos retoques no prato quando me veio a imagem de um dos maiores repórteres da história do jornalismo brasileiro: Oldemário Touguinhó, estrela máxima do então importante *Jornal do Brasil*, impresso do Rio de Janeiro. Carioca do bairro do Catumbi, exatamente onde fica o sambódromo, Oldemário era um boêmio que só bebia refrigerante e dormia lá pelas 7 horas da manhã. E assim mesmo mantinha um sólido e feliz casamento. Um dia, na madrugada, me ensinou:

– Marcelão, o repórter esportivo é o único que vê o antes, o durante e o depois. É privilégio. Assistimos aos treinos, depois ao jogo e, em seguida, entramos nos vestiários. Já viu repórter participar de reunião do Conselho Monetário ou de reunião de ministros com presidente?

Oldemário, que morreu ainda jovem de câncer, me deixou como herança a chave mestra do que seria o novo *Linha Direta*: mostrar a preparação do crime; em seguida, o crime, como está sempre nos processos; depois, uma "alcaguetagem eletrônica", nosso "vestiário", ou seja, mostrar aos milhões de telespectadores a foto dos bandidos para que pudessem ser reconhecidos. E aí pensei na frase, que sempre terminava assim: "A sua identidade será mantida no mais absoluto sigilo".

Um belo dia, prenderam o Maníaco do Parque, aquele *serial killer* que matou seis mulheres em São Paulo, em 1998. Eu assisti àquela história como telespectador, porque estava literalmente desligado da reportagem da TV Globo. Tinha sido cedido ao novo núcleo, apelidado de Núcleo Talma e Marcelo, e ninguém sabia que diabos era isso, talvez nem nós. Afinal, o programa ainda não tinha nome, não tinha nada.

Num determinado momento, estávamos lá sentados, conversando, e o Aroldo e o Tim disseram:

– E se nós entrevistássemos o Maníaco do Parque?

Aquilo foi como se alguém, hoje, dissesse algo do tipo: "E se você saísse daqui agora e fosse entrevistar o Obama?". Talvez seja até mais fácil...

Naquela altura, Francisco de Assis Pereira, o maníaco que matara mulheres no Parque do Estado, uma densa área de mata fechada na zona leste de São Paulo, tinha acabado de ser preso e ninguém podia chegar perto. A mesa do juiz corregedor dos presídios estava abarrotada de pedidos da imprensa do mundo inteiro querendo entrevistar o *serial killer*.

Quando falaram aquilo, senti: "Ih, essa bucha vai acabar estourando em mim".

– É uma boa ideia! – disse o Talma. – Vamos, Marcelão?

– Sim. Está tudo certo! Me diz o dia, a hora e o local, que vou estar lá.

Não era bem assim. Esse "vamos, Marcelão?" tinha tradução: a gente espera, você convence o juiz, o promotor, o advogado, o secretário de governo que cuida dos presídios, o diretor da penitenciária, os parentes do Maníaco. Enfim, haja saliva.

– Vamos fazer o seguinte – disse eu. – Vocês relaxam e deixam que eu mexo nos bastidores.

E lá fui eu. Na época, o Estado de São Paulo era governado por Mário Covas. Contatei o secretário da Administração Penitenciária, a Coordenadoria dos Estabelecimentos Penitenciários do Estado de

São Paulo (Coesp), o diretor do Presídio, e fui indo. Passou uma semana e nada; eu só trabalhando nos bastidores.

Aí o governo autorizou:

– Ok. Nós vamos deixar você fazer!

"Porra, o governo manda no presídio, o governo manda no sistema, o governo manda na tal da Coesp, estou bem!", pensei. Mas tinha o juiz corregedor dos presídios. Sem o aval dele, nada feito. E ele não queria nem olhar para a minha cara, que dirá conversar. Ele sabia o pepino que seria deixar entrar um jornalista e manter uma centena de fora. Mas aí eu me mexi e consegui que juízes da corregedoria-geral da Justiça, que me conheciam, abrissem um canal de relação com ele.

– Olha, doutor, a situação é a seguinte: a gente está pensando em fazer um programa novo e eu queria entrevistar o Maníaco, porque isso será a base para um estudo do que poderá vir a ser o nosso programa. Por outro lado, eu posso usar essa entrevista, se o senhor me permitir, no jornalismo. Porque alguém, um dia, vai ter que entrevistar o cara, e se alguém vai ter que entrevistar, que seja eu. No programa novo nós vamos misturar jornalismo e dramaturgia. Vamos ter uma abordagem multidisciplinar, alguns paranormais, astrólogos, cartomantes e também psicólogos, psiquiatras... Não que eu ache esses muito normais – disse.

O homem não riu, mas não parou a conversa. E fiquei explicando, explicando, até que ele olhou para mim e disse:

– Eu vou autorizar porque amigos meus disseram que você é uma pessoa séria, que trabalha bem, apesar de eu não lhe conhecer pessoalmente – e, enquanto ele colocava a autorização no papel, completou: – Você sabe que vai me deixar mal diante de todos os outros jornalistas, não sabe?

– Esquece isso, doutor, esquece isso!

Voltei para a produtora do Talma. Cheguei lá e logo percebi: muitos tinham aproveitado o tempo livre de mais de uma semana para pegar um bronzeado, enquanto eu mofava nos gabinetes. Bons amigos, esses meus.

– Consegui!

Foi aquela festa.

Ainda teve um pouco de enrolação na penitenciária. O diretor era Ismael Pedrosa, homem forjado nas entranhas dos presídios. Já passara pelo Carandiru, então a maior concentração de condenados da América do Sul. No seu longo caminho de tratamento duro, mas justo, com os presos, Pedrosa fez muitos inimigos, até que um dia em 2005 o PCC, o Primeiro Comando da Capital, facção criminosa que até hoje dá ordens nos presídios paulistas, o mandou para o túmulo com vários tiros.

Pedrosa, com medo da repercussão da entrevista, tentou de todas as maneiras nos bloquear, mas não deu: a ordem do Palácio dos Bandeirantes era nos deixar frente a frente com o Maníaco do Parque.

Faltou aqui dizer, e, se não disse, digo agora: a entrevista não sairia se não houvesse a autorização da família de Francisco de Assis Pereira, também apelidado na infância de Chico Estrela. Fui à casa humilde dos pais do Maníaco e, ao entrar, o que vi não era nada bom: a mãe cuidava de um pai derrotado pela depressão de ver o filho ser um assassino em série. O pai precisava de cuidados médicos – e, como sempre neste país tão desigual, o hospital público ora não tinha médico, ora não podia marcar exames. Enfim, o homem estava morrendo.

Esqueci o pedido de entrevista. Coloquei o homem no meu carro e o levei para o hospital. Fiz o que não gosto de fazer: dei uma carteirada. O médico apareceu, o exame surgiu do nada e eu ali, indignado, liguei para o Talma:

– A porra do pai do Maníaco vai morrer. Eles não têm dinheiro para nada. Mal têm o que comer. Arruma um dinheiro para eles, compra remédio, me ajuda porque estou meio tonto. É um drama dentro do outro.

Você há de dizer: belo gesto! Nada disso: eu só pensava na entrevista, estava tudo certo, menos eles. Mas como falar de entrevista nessa situação? Fui salvo pela mãe do Maníaco:

– Meu filho, você quer entrevistar meu filho, não é?

Era muito filho numa frase só.

– É, eu quero. Eu posso te ajudar...

– Esquece, meu filho, você já está ajudando. Vou visitá-lo no fim de semana. Manda um carro me levar, me ajuda a comprar alguma coisa para ele. E, se puder, ajuda a salvar meu marido.

O marido, pelo menos até tempos depois, foi salvo. E foi ela, a mãe, que me colocou na frente do assassino que todos queriam entrevistar.

Tudo autorizado, horário de entrada definido no presídio, Maníaco avisado. Tudo em cima. O presídio de Taubaté, no Vale do Paraíba, a três horas e meia da capital São Paulo, faz jus ao apelido de "Piranhão". É o local onde um velho ditado está presente todos os dias: o filho chora e a mãe não vê.

Ali ficam os criminosos de mais alta periculosidade de São Paulo. Ali nasceu, no campo de futebol, o PCC. Por ali passaram o Bandido da Luz Vermelha, o famoso matador cabo Bruno – e os dois viriam a ser assassinados mal saíram do presídio. Ali estava o diretor Ismael Pedrosa, meu velho conhecido, nos esperando.

Ele estava acostumado com as entrevistas normais: um repórter, um cinegrafista e um auxiliar técnico. O negócio agora era outro, e ele tomou um susto quando me viu com toda a equipe de produção da Globo: ou seja, além dos dois colegas habituais, havia outra câmera, o Talma dirigindo, um produtor, ou seja, éramos umas dez pessoas.

– Marcelo, o que é isso? Não pode entrar tudo isso aqui, não!

– Mas a gente precisa gravar assim.

– Isso vai "virar" o presídio! (Tradução: excitar os presos, podendo virar uma rebelião.)

– Pedrosa, todos estão autorizados. Relaxa.

– Ah, está legal! Vocês já estão todos autorizados mesmo, não tem jeito.

Entramos. O corredor do Piranhão, onde fica a administração, é meio escuro e tão encerado que dá para pentear o cabelo olhando para o chão. Os pavilhões ficam no outro extremo do corredor principal: três alas concentram os piores matadores. Um deles, Pedro Rodrigues Filho, o Pedrinho Matador, um mulato de 1,70 metro, forte como um touro, carrega mais de 110 mortes nas costas. É o nosso Hannibal Lecter, de *O silêncio dos inocentes*. Um dia nós nos encontraríamos – mas isso fica para daqui a pouco.

E lá do fundo, cercado por três guardas, vinha Francisco de Assis Pereira, o exímio patinador que sempre desfilava no Parque do Ibirapuera e conseguia atrair, com uma conversa melosa apontada para fama e trabalhos como modelo e na televisão, algumas meninas sonhadoras – e, ao atrair, as levava para a morte.

Olhei o Maníaco do Parque de cima a baixo: um mulato claro, 1,70 metro e poucos, pele oleosa agora amarelada pelo pouco sol, nariz bem-feito, pintas espalhadas pelo rosto, cabelo crespo e dentes pequenos, curtos. Foram os dentes que me chamaram atenção: eu sabia que ele mordia as vítimas mesmo depois de mortas. Aquilo me impressionara. O que eu não via ainda – e veria depois – era a rara inteligência de Francisco. Eu iria entrevistá-lo, mas ele estaria sempre no comando.

Pena eu ter percebido isso muito tarde.

– Pedrosa, me faz um favor, tira a algema dele. Isso vai demorar – pedi e as algemas foram retiradas dos braços finos de Francisco.

Trocamos um aperto de mãos. E as dele não estavam frias nem suadas, o que geralmente acontece.

– Gosto muito do seu trabalho – ele me disse.

– Eu estive com seus pais – retruquei.

Estávamos nos medindo: ele ganharia.

Sentamos frente a frente e notei que ele, com extrema habilidade, começou a fazer um certo jogo de sedução, tentando com muito jeitinho, muita humildade, fazer-se passar por um sujeito quase Don Juan, um conquistador que seduziria pela simplicidade. Comecei a entender por que muitas moças saíam com ele do centro de São Paulo, numa motinho sem vergonha, e aceitavam entrar pelas trilhas recheadas de despachos de macumba e ossos de bichos mortos da mata fechada do Parque do Estado.

Eis aqui um psicopata na versão completa: inteligente, alto poder de persuasão e sem o menor sentimento, sem contato emocional com vítima ou com qualquer um. E lembrei-me: quando falei do pai doente, ele apenas apertou os lábios. E nada mais.

Eu sou muito demorado para entrevistar. Tenho sempre o seguinte mecanismo: começo a entrevistar, toco num assunto vital aqui e continuo com outros assuntos. Depois de meia hora, eu volto ao assunto que imagino ser vital. Ao fazer essa coisa recorrente, o entrevistado, com o tempo, começa a se confundir, e vai deixando espaço para que eu possa trabalhar com mais facilidade.

E foi isso que fiz. Ele esperava que eu falasse dos crimes e eu fazia sempre o oposto. Comecei a conversar com ele sobre infância, sobre a relação dele com a mãe, sobre como ele via o pai, sobre irmãos, amigos. Fui trabalhando um lado que ele não esperava, e nada de falar sobre crime. Depois de duas ou três horas de entrevista, e eu sem tocar no assunto, o cara foi entrando em desespero, porque passou a ter vontade de falar e eu não deixava.

Ele tentava entrar no assunto e eu desviava. Normalmente esse tipo de entrevista vai deixando o sujeito agoniado... Em determinado momento, eu percebi que o que eu estava fazendo com ele era quase a mesma coisa que ele fazia com as vítimas. Ele ficava levando um papo de outro assunto até chegar onde queria: estuprar e matar. Para isso ele ficava um dia, uma hora, cinco horas e, naquele momento, ele estava sendo vítima do mesmo veneno.

Aquele jogo de sedução inicial que ele tentou foi desmoronando. A estratégia dele, pelo que pude perceber, de burra não tinha nada. Ele queria falar do crime, criar a imagem de uma doença mental, para escorá-lo no processo, e, se ele conseguisse isso, eu me estreparia, porque eu iria fazer uma entrevista em que ele ditaria as normas.

Mas eu não deixei. Até certo ponto. Continuei saindo do assunto. Quando eu vi que ele já estava agoniado o suficiente, literalmente louco, eu pensei: "Agora eu entro, esta é a hora! E vou ser agressivo".

Lembro a pergunta que fiz:

– Você sabia que estava matando, não sabia?

Reparei que o sujeito estava esperando por essa pergunta. Por outro lado, as defesas dele já estavam minadas, e aí tinha chegado o momento de agredir, porque essa é muito mais do que uma pergunta, é uma afirmação. Mas há de se considerar que eu não estava entrevistando uma pessoa comum, uma pessoa no seu senso crítico normal. Eu estava entrevistando um sujeito que, até aquela altura, tinha cometido pelo menos 11 estupros, seguidos de assassinatos.

Ele começou a falar e, quando percebeu que estava me contando tudo, quando percebeu que caiu na armadilha, inteligentemente entrou num caso clássico: criou uma terceira pessoa e passou a se referir a si mesmo como outro. Ele dizia: "aí ele..." ou "aí o Chico...". Porque ele precisava criar no ambiente um segundo "Chico Estrela". As pessoas pensariam: "É louco, não pode ser preso, tem que ser tratado" – essa era a estratégia dele. Mas isso eu notei com o tempo, não na hora.

Também percebi que todo criminoso desse tipo quer contar o que para ele é um feito, e essa é a grande loucura. O que nós consideramos um absurdo, para ele é a mola que o impulsiona do anonimato à fama, é a mola que faz com que ele tenha uma identidade, que saia do limbo. Então, ele quer contar, só que não quer ser preso. Ele quer mostrar que é poderoso, mostrar o que ele é capaz de fazer, quanto ele é diferente dos demais, porque o código de valores dele não é igual ao nosso. Para um matador, matar não é problema. Para um estuprador, estuprar é um vício – sem cura.

Ele tem um transtorno de personalidade? É óbvio que sim, mas não no limite de perder a consciência do que estava fazendo. Ele tinha um impulso para fazer aquilo, como tem gente que tem impulso de comer hambúrguer o dia inteiro... É simples assim.

E fomos entrevistando o Maníaco durante dois dias e meio. Conversávamos com ele durante o dia e íamos dormir num hotel ali mesmo em Taubaté, no Vale do Paraíba.

Até que chegou o momento em que ele daria a cartada final – ele tinha todos os ases. E nós não sabíamos.

– Eu matei 107 pessoas, está escrito no teto da minha cela! Eu vejo toda noite. A luz apaga e eu enxergo no teto: 107. O número apareceu um dia e lá está. Pode ir ver. Não matei 11, matei 107. É uma perseguição do meu avô. Meu avô também matou e eu estou pagando por todos os crimes.

Imagine: eu, naquele ambiente, com uma energia ruim, há dois dias e tanto ouvindo um maluco falar um monte de barbaridades, acabei ficando um pouco doido também. E fiquei me perguntando se aquilo poderia ser verdade.

Ismael Pedrosa, o diretor, confirmou:

– Ele anda falando isso direto, Marcelo.

– Pedrosa, você precisa deixar a gente ir até a cela.

Entramos na cela e tinha uma marca no teto de cimento cru. Um pedaço do cimento, quando secou, ficou parecendo um número mesmo, mas era maluquice da cabeça do Maníaco, que acabou virando maluquice na nossa também.

– Ali está, 107. Eu matei 107.

Eu olhava e via 107 no teto; Talma via; os cinegrafistas viam; Pedrosa via.

– É isso, matei 107.

Saímos de Taubaté contaminados por Chico Estrela. E o 107 zunindo na cabeça. Mas como diminuir as dúvidas? Levamos a entrevista para a avaliação de um psiquiatra, de um psicólogo, de um astrólogo, de um paranormal, de uma mulher sensitiva... Um pouco inoculados pela loucura dele, também enlouquecemos e botamos tudo num cadinho só. Depois veríamos o que fazer com aquilo no nosso futuro programa.

Eu – já disse e repito – tenho mania de cozinhar. Numa madrugada, eu e o Talma estávamos batendo papo na casa dele. A água do macarrão fervia na panela.

– E o 107, Talma?

– Muito louco.

Ainda fomos ao Parque do Estado. Exatamente no ponto onde o Maníaco matara a maior parte das moças. Era quase noite...

(Quero informar que neste momento em que estou escrevendo o livro, às 11 horas da noite, acabo de ficar todo arrepiado. Vou dar uma parada, porque estou sentindo algo esquisito.)

(Volto a escrever. São 8 horas da manhã. Antes de pegar no sono, lembrei-me de toda a cena que vivemos naquela noite na mata – por isso, não estava me sentindo bem ontem.)

Talma resolveu contar parte da história na entrada do Parque e, em seguida, lá dentro. Primeira parte gravada, sem maiores problemas: apenas um vento frio e uma garoa leve atrapalharam um pouco.

Ao pisarmos na trilha que levaria ao "refúgio" do Maníaco, sentimos o chão de barro úmido e escorregadio. Raízes de árvores, folhas em decomposição e lixo, muito lixo, tornavam a caminhada difícil – havia um cheiro azedo no ar. Uma nova personagem acabara de chegar e juntava-se ao grupo: uma senhora magra e alta, de cabelos pretos ralos, rosto redondo e olhos miúdos. Ela dizia enxergar espíritos, e recontaria as mortes com a ajuda das "almas" que, afirmava, habitavam o lugar e "viram tudo".

Avançamos uns 300 metros e paramos numa clareira:

– É aqui. Foi aqui que aconteceu a primeira morte – disse a mulher.

Eu já ia perguntar, quando ela ordenou:

– Silêncio. Preciso me concentrar.

E foi um rosário de "morreu aqui", "foi esganada ali", "o espírito está dizendo". Já era noite escura quando resolvemos sair. Coincidência ou não, fomos caindo: um operador tropeçou e... tornozelo torcido; eu fui ao chão... joelho machucado; Talma se desequilibrou nos seus cento e tantos quilos... "só um susto". Saímos dali "carregados".

Era tarde quando começamos a editar o vídeo do Maníaco do Parque. E veio a dúvida: mas o novo *Linha Direta* não será de busca a criminosos em fuga? Meu joelho doía, mas doía mais a minha cabeça com a dúvida. "Estamos no caminho errado", pensei. E pensei certo.

Se você quer um sinônimo para criatividade, eis um: Roberto Talma. E ele, como um maestro, mandava o editor de imagem, aquele que vai colocando tudo na ordem certa no vídeo, juntar as peças de nosso quebra-cabeça.

E chegou o grande momento, pensávamos nós – e pensamos errado. Durante a entrevista com o Maníaco, para eu não ficar perguntando: "Qual foi a próxima morte? E a da Fulana? E a da Sicrana?", Talma, na edição, botou a mesma pergunta seguida várias vezes: "E a próxima?", "E a próxima?", "E a próxima?". Parecia que o vídeo tinha dado problema – ou que eu fosse gago e estava acertando a frase. Achei o máximo aquele efeito – e achei errado.

Mas tínhamos outro grande momento na edição: as tais "107" mortes escritas no teto da cela do Maníaco do Parque. Por conta disso, ele habilmente nos colocou na ponta dos pés na beira do precipício, e nós nos jogamos.

– Agora, sim, vamos colocar as "107" mortes. Isso vai ser sensacional. Imagina, a polícia vai ter que reabrir a investigação! É um furo – eu falava, quase histérico de alegria. Por sinal, alegria que se transformaria logo, logo, em tristeza.

Apresentamos a nossa matéria do Maníaco do Parque à Marluce Dias, diretora geral da TV Globo. Ela quase teve uns cinco ataques cardíacos. A fisionomia daquela mulher baixinha, magra e poderosa, sempre muito amável, significava: "Vocês esqueceram que aqui é a TV Globo?". O rosto de desolação e perplexidade poderia ser traduzido por "isso é um lixo". Mas, elegante, Marluce fez do silêncio sua reprovação.

Mas era inegável que, no meio daquela lambança absoluta, tinha um fato importante: nós tínhamos conseguido entrevistar o Maníaco do Parque. Jornalistas do mundo inteiro queriam e não tinham conseguido.

"Aquilo", então, foi mandado pela Marluce para o Evandro, o supostamente austero Evandro, que fora dali era um sujeito incrível cheio de manias: uma delas era comer os carocinhos do mamão por fazer "bem à saúde". Morreu cedo, mesmo comendo os carocinhos. Eu, secretamente, o admirava, mas jamais falei a ninguém – sem saber disso, ele já era duríssimo na relação profissional, imagina sabendo.

Quando ele descobriu que a gente tinha entrevistado o Maníaco do Parque, a reação foi imediata: como o jornalismo não tinha conseguido e um "bando de malucos", nas palavras dele, tinha? Seus diretores desapareceram de perto dele durante uma meia hora, por mera questão de prudência.

Ao lado da sala de Evandro havia uma outra, bem pequena, onde ele assistia às reportagens especiais que precisassem de sua aprovação para ir ao ar. Ficamos meio apertados ali – ele, Talma, Schroder, Luis Erlanger (então diretor editorial e subordinado de Evandro desde a época em que trabalharam juntos em *O Globo*) e eu.

Ninguém abria a boca. E ele, com seus óculos quadrados grandes apoiados no nariz pequeno, imóvel, sem esboçar uma única reação, sem dar a menor pista se estava gostando. E não estava. No fim, olhou para mim e para o Talma, e disparou:

– Vocês são débeis mentais?

Ficamos mudos. Talma também o conhecia bem. Evandro olhou bem na minha cara – pensei, "lascou". Não disse nada, o olhar bastava.

– Isso aqui é ouro, é ouro! Mas essas maluquices que vocês colocaram, não dá!

Ele pegou o telefone e ligou para a Marluce:

– Vou botar no *Fantástico*.

E bateu o telefone. Não era de consultar ninguém. Ou melhor, tinha no dr. Roberto Marinho, o dono das Organizações Globo, um pai – que o via como um filho mais velho.

– Erlanger, chama o Luizinho (diretor do *Fantástico* até hoje).

Luizinho chegou com uma calma que, nele, parece permanente.

– Olha, vou colocar a matéria do Maníaco no *Fantástico*. Mas tem um monte de besteiras: astrólogo, psicólogo, tem mais "ólogo" do que a encomenda. Tira tudo. Deixa só a entrevista. Cartomante? – olhou para mim e resmungou: – Débil mental.

Fiquei calado.

Eram 43 minutos de entrevista. Iria ao ar no final do *Fantástico,* sem intervalo, sem nada.

Ao passar por mim, ainda na sexta-feira à noite, Erlanger brincou:

– Duvido que isso dê 40 pontos de pico, duvido!

Domingo, matéria no ar, 53 pontos de pico de audiência. Estranhei que psicólogo, cartomante, vidente e por aí afora não tivessem sido retirados da edição. "Evandro deve ter mudado de opinião", pensei. Depois descobri o que houve de fato. Mas prefiro não contar.

Na verdade, naquele momento eu estava eufórico. "Quem manda agora sou eu. Tô mandando mais que o dr. Roberto!", brincava comigo mesmo.

Na segunda-feira fui direto para São Paulo. Queria comemorar em casa, quieto. Mas a terça-feira chegaria com um oceano de críticas. A *Folha de S.Paulo* não foi muito elogiosa. Lá estava escrito: "Os maníacos do Jardim Botânico". Todos metiam o pau, com exceção da *Veja,* que só falaria – e bem – da reportagem com o Maníaco na edição seguinte. A crítica era a mesma feita pelo Evandro: como misturar videntes e cartomantes com a entrevista? E o "e a próxima?" repetida várias vezes?

O programa *Casseta e Planeta* tinha um personagem quase fixo chamado Marcelo Depende, imitação que o humorista Reinaldo fazia de mim. Marcelo Depende apareceu entrevistando um Casseta vestido de Alfredo Stroesnner, o sanguinário ditador paraguaio, e sempre fazendo a mesmíssima pergunta: "E a próxima?" – sugerindo as muitas vítimas da ditadura paraguaia. Até que o Casseta-Stroesnner perguntava para mim: "Você é gago?".

A reportagem, ouro puro, tinha virado motivo de críticas e de esculhambação. Montáramos um programa para a dramaturgia, que acabou no jornalismo – e, naquela época, misturar artístico com jornalismo era um pecado mortal. Bem diferente de hoje.

Evandro estava puto da vida. E queria cabeças. Todas se encolheram. Decidi colocar a minha a prêmio. "Quer saber de uma coisa?

Vou assumir a culpa, porque não adianta eu deixar contaminar todo mundo. Como eu sou a parte visível, porque fui eu quem fez a entrevista, vou assumir a responsabilidade dessa joça." E assumi tudo para os jornais e as revistas. De que adiantava dizer: "Fulano errou, sicrano também"? Isso era bobagem.

Mas os jornalistas não acreditavam:

– Ué, mas você tem autoridade para dizer o que deve ser colocado no ar na TV Globo?

– Não. Mas nesse caso me deram – eu respondia.

Éramos um grupo, mas não adiantava todo mundo sair apanhando, era mais fácil um só apanhar. As pessoas querem sempre um culpado. Então, tudo ficou concentrado em mim.

Foi mais de um mês de porrada. E, aos poucos, a história foi minando, minando, minando. O Talma, envergonhado, pediu para ir embora, e eu idem. Porque o mérito de ter conseguido entrevistar o Maníaco tinha ido por água abaixo e a gente tinha criado um baita de um desconforto geral dentro da empresa. Não me parecia justo que a Globo pagasse por um erro, porque era a marca Globo que estava levando muita porrada.

"A melhor coisa que eu posso fazer é me demitir", pensei. E não era uma demissão de indignação, era de vergonha. Pedi ao Evandro para ir embora. Ele não quis nem falar comigo. Amauri Soares, meu chefe direto e sempre rápido, me sacou da linha de tiro:

– Sai de folga. Some. Deixa o homem se acalmar.

Peguei férias, folga, e sei lá mais o quê. Continuei lendo as notícias com uma vergonha absoluta, de mim mesmo, dos companheiros, de ter cometido um desastre daqueles para a empresa. Sempre fui muito bem tratado na TV Globo, então a recíproca tinha que ser verdadeira. Tinha assumido a culpa, pagaria em silêncio.

Só para dar noção do tamanho da minha depressão, da minha vergonha, tirei uns 35 dias de férias e não viajei, não fiz nada. Fiquei em casa, lendo. Eu estava com muita vergonha de ter destruído tudo aquilo que me deu tanto trabalho para conseguir, de ter destruído o trabalho dos meus companheiros, de fazer com que eles também acabassem tomando porrada por culpa minha.

Voltei de férias. Fui almoçar com o Amauri Soares:

– O Evandro disse para você ir trabalhar no *Jornal da Globo* (que nessa época entrava no ar quase à 1 hora da manhã,). Aí você fica lá, ajudando a fazer reportagem.

Era o castigo.

– Não, não quero, muito obrigado. Diz ao Evandro que minha proposta de demissão continua de pé. Antes eu queria me demitir e ele não quis, agora ele quer me punir me colocando para trabalhar num jornal que nem horário para entrar tem. Então, eu prefiro sair, e é a vez de ele me demitir. Eu cumpri com minhas obrigações, e minha principal obrigação com a ética foi pedir demissão na época. Não quiseram. Agora, eu não vou ficar num telejornal que compete com o guarda-noturno.

Amauri, sempre meu parceiro:

– Fica mais uns dias em casa, eu vou resolver.

Voltei para casa esperando uma solução. Dali uns dois ou três dias, Amauri convenceu o Evandro a me deixar sossegado. E voltei à minha vida de investigação.

Depois de alguns meses, já em fevereiro de 1999, o Talma me ligou.

– Marcelo, tenho uma notícia para te dar.

– Não, não me dá, não! Que as últimas foram só problemas. Esquece.

– Não. Eu preciso te dar uma notícia. Querem que a gente faça o programa!

– Que programa?

– O *Linha Direta*!

– Talma, eu já estou de saco cheio, tomei porrada até onde não aguentava mais, por mim e pelos outros. O Evandro já quis me botar para trabalhar de madrugada. Agora eu já resolvi meus problemas, acalmei a fera, está tudo normal, então, deixa eu quieto aqui no jornalismo.

Mas o problema era que o Ratinho continuava roendo o queijo da Globo...

Quando liguei para o Evandro, para perguntar se eu deveria de fato participar do projeto *Linha Direta*, ele, ainda danado comigo, disse:

– O que você acha?

E bateu o telefone na minha cara.

Liguei para o Amauri, que me disse que estava tudo certo e que eu deveria ir. Então, finalmente, chamei o Talma:

– Isso é uma novela, Talma, mas vamos lá. Eu já apanhei tanto que minhas costas estão marcadas, não vai doer mais. Estou nessa.

E lá fui eu. Aí a questão subiu de tom, porque já não era mais na produtora do Talma, era no Projac, o centro de criação da Globo, uma cidade encravada no bairro de Jacarepaguá, no Rio. Percebi que a coisa ali era séria. Daniel Filho, chefe-geral de toda a criação da Globo e um artista nas concepções dos programas, dos filmes, chegou com umas ideias e queria que a gente assistisse a um programa americano que seguia uma linha parecida com a que queríamos. Eu vi o programa, chamado *Blue Line*, achei chato, mas disse para ele que era bom, só para ele ficar contente. Mas partiu do Daniel o carimbo final do programa:

– Não adianta, se vocês não colocarem claramente que o Fulano é procurado, com as características dele, o programa não vai vingar.

Ele pegou tudo que eu e Talma já tínhamos pensado e deu a linha mestra. E nessa reunião muito legal entre mim, Talma, Daniel e Carlos Manga, o mais experiente de todos, talvez uma das histórias mais completas do cinema e da televisão brasileiros, definimos o *Linha Direta.*

Eu e o Talma pegamos a equipe e saímos gravando temas pelo Brasil. Mas nada de o *Linha Direta* ir ao ar. É que a Marluce estava com muito medo de pôr no ar um programa que fugia a tudo que a Globo fazia. Era um programa popular, com porrada, crime, no horário nobre. Ela queria que não tivesse tanto sangue.

Aquilo foi me incomodando:

– Espera aí, se é um programa de crime, vai ter porrada e sangue. Se não tiver, é melhor não fazer. Pode não ter tiro nos miolos e sangue espirrando na tela. Mas pelo menos uma linguagem subliminar vai ter. E em alguns momentos a linguagem não vai ser subliminar, vai ser mais forte.

E ela aceitou, senão o Ratinho comia a Globo naquele horário para sempre.

O primeiro episódio foi sobre o PC Farias, tesoureiro do ex-presidente Fernando Collor de Mello. O "caixa-preta" de um esquema de corrupção fora assassinado em sua casa de praia em Maceió, Alagoas, ao lado da namorada Suzana Marcolino. Havíamos obtido novas pistas, novos laudos, no começo do ano, mas a *Folha de S.Paulo* acabou dando antes e ganhou o Prêmio Esso de Jornalismo.

O programa era muito bem construído: a cenografia reproduziu a casa de praia do PC: as paredes se moviam sobre trilhos, não sei o que se abria, o corpo aparecia, era um mundo novo para mim. Mas novamente a imprensa não entendeu nada e caiu matando em cima da gente.

Aí eu comentei com o Talma:

– Daqui a dois meses isso vai dar certo e eles vão elogiar.

E foi o que aconteceu.

Quanto à audiência, já no primeiro programa a Globo inverteu o jogo completamente. O Ratinho caiu lá dos seus 30 e tantos pontos para 25 e nós subimos de 24 para 25: terminamos empatados. E, a partir daí, a Globo ganhou sempre, nunca perdeu. O programa foi crescendo e chegou a 30, 32, 35, 38 pontos de média rapidamente, tornando-se uma das maiores audiências da Globo.

E, seguramente, eu me transformei em um dos maiores egos da Globo – mais uma vez eu ia errar.

Talvez o *Linha Direta* tenha me dado uma grande projeção e tenha me ensinado uma das coisas mais importantes que aprendi na vida: a vaidade não pode crescer mais do que a razão ou mais do que a sensibilidade de perceber os outros. E, no meu caso, o ego se sobrepôs a tudo.

Fiquei completamente descontrolado, me achando maior do que a própria tela. Afinal, imagine o que é de repente um repórter do dia a dia pegar um horário em que a Globo estava quebrada e ajudar a montar um programa que vira um estrondo de audiência?

De tudo eu reclamava. Tinha carro, motorista, hotel de frente para o mar – e nada estava bom. Se alguém errava, eu tinha críticas e soluções que ninguém haveria de ter. Não aceitava de jeito nenhum as pessoas que o Evandro tinha colocado lá para trabalhar comigo.

A verdade é que o programa era um sucesso e eu, um transtorno. Às vezes tratava as pessoas muito mal. O público me aceitava com um carinho impressionante, e nem sempre eu dividia esse carinho com as pessoas que trabalhavam comigo.

Um dia o Evandro me chamou na sala dele:

– Você está criando um ambiente ruim. A coisa mais simples que tem, Marcelo, é eu tirar do ar qualquer pessoa aqui. É só eu dizer "sai". E essa é uma palavra que eu não quero usar com você. Por isso, peço que se acomode, que se integre ao comando do programa.

Aquilo soou para mim como uma faca no coração. Sujeitar-me ao comando do programa? "Os caras não sabiam nem o que a gente estava fazendo", pensava eu. E pensava errado! "Eu que ajudei a montar esse negócio, parte desse programa nasceu na minha cabeça."

Mas o que eu não entendia era que o programa não era meu, era da TV Globo. E isso eu aprendi com essa história.

Pouco tempo depois, saiu uma nota na *Folha de S.Paulo* dizendo que eu ia ser substituído. O Evandro me chamou de novo:

– Marcelo, eu queria falar sobre a sua vida profissional.

– Não precisa, eu já li tudo na *Folha* – comentei.

Isso para ele era a morte. Ele detestava notícias que saíam no jornal, e eu também. Tinha aprendido com ele.

– Marcelo, desse jeito não dá para conversar. Você não deixa nem eu falar.

– Está bom chefe, pode falar.

– Essa nota da *Folha* não é verdade.

E era. Só não tinham dito para ele que já estavam preparando para eu sair.

– O que é que você quer que eu faça? – perguntei.

– Eu quero que você volte ao programa. O programa tem a sua cara, as pessoas querem você nele.

Mas não dava mais certo.

– Evandro, eu vou voltar, tudo bem – eu disse. – Mas eu quero que você pense firmemente na minha substituição. Não tenho mais ambiente para trabalhar. As pessoas que você colocou lá não gostam de mim e eu também não gosto delas. Então, você pensa nisso. Como você está pedindo, eu volto. Vou lá todos os dias, não tem o menor problema, mas eu quero dizer o seguinte: acabou. E não só por minha culpa, mas muito por sua culpa também. Você escolheu a dedo o que havia de pior.

Eu estava errado: a culpa era minha. Eu me transformara numa pessoa intratável. E veio à cabeça a frase de um escritor inglês: "Elogios tornam os bons melhores e os maus piores". Eu estava no segundo time – e precisava mudar.

Evandro me deu até logo, porque ele mandava e eu obedecia. E voltei para o *Linha Direta.* Não durou muito tempo: apenas 20 dias.

Quando ele me chamou de novo, eu estava lendo um livro e, como poderia ter que esperar, levei a leitura para passar o tempo. Quando entrei na sala, botei o livro de cabeça para baixo, porque eu sabia que ele iria querer ver. Evandro era apaixonado por literatura.

– Tudo bem, Marcelo?

– Tudo bem, chefe!

– O que é? – perguntou, apontando para o livro.

Eu ri por dentro:

– Um livro.

Ele me olhou feio.

Eu estava relendo *Doutor Fausto,* de Thomas Mann, meu autor predileto.

– Você está lendo?

– Eu estou relendo.

E comecei a falar sobre o Thomas Mann.

– Você sabia que a mãe do Thomas Mann era brasileira?

Ele sabia a história toda. Ficamos conversando uns 15, 20 minutos sobre Thomas Mann, quando, de repente, ele falou:

– Você está fora do *Linha Direta*, não precisa nem voltar mais lá.

Minha despedida do *Linha Direta* foi essa frase, e o Evandro voltou para a história do Thomas Mann.

Ao mesmo tempo que fiquei triste, aquilo foi um alívio. Fiquei triste porque sabia que ia deixar um público que eu tinha cativado, porque eu sabia que as pessoas gostavam do jeito que eu contava as histórias, mas, por outro lado, me deu um alívio muito grande, porque eu não aguentava mais aquele ambiente. Não pelos meus colegas, porque com eles eu tinha uma dívida muito grande pelos meus transtornos, mas eu não aguentava mais os caras que o Evandro tinha colocado lá.

Aí ele disse:

– Marcelo, você quer ir para onde? Escolha para onde você quer ir.

E como eu já sabia para onde eu queria ir, respondi:

– Eu quero ir para o *Fantástico.*

– Lá, não. Ali é a tua corriola. Lá você só vai fazer o que quiser.

– Mas, Evandro, você me perguntou e respondi. Vai recuar?

Evandro era homem de palavra.

– Então, pode se apresentar lá daqui a meia hora, que eu vou avisar ao Luizinho.

Uma nova etapa começaria na minha vida. Consegui entender, com a ajuda de pessoas amigas, todos os meus erros. O sucesso tinha alterado meu comportamento, a minha relação com o próximo. Voltaria ao jornalismo, sem esquecer o que aprendera no artístico. E, no futuro, usaria esse ensinamento para mudar até mesmo um dos programas mais conhecidos da TV brasileira.

Mas essa é outra história.

- 11 -
Na jaula com Pedrinho Matador

"Os bons hábitos são muito mais fáceis de abandonar do que os maus."

Eu voltaria ao *Fantástico*. E Evandro tinha um pouco de razão: ali estavam alguns da minha corriola. E foi num papo depois do trabalho, entre um gole e outro de saquê num restaurante japonês, bem ao lado da TV Globo, no Jardim Botânico, zona sul do Rio, que um camarada me perguntou:

– Marcelo, como você acha que funciona a mente assassina?

Era uma boa pergunta à espera de uma boa resposta. Lembrei-me de um dos maiores assassinos da história do Brasil, até hoje preso: Pedro Rodrigues Filho, o Pedrinho Matador. Ele era meu "considerado". Tradução: ele era meu camarada. Sabe-se lá por quê, mas tinha adoração por mim – já me dera uma rápida entrevista e, quando o Maníaco do Parque foi preso, Pedrinho estava na mesma cadeia do Piranhão. E me fez um pedido:

– Marcelo, me deixa dois minutos com esse Maníaco. Ele precisa morrer.

Pedrinho já cometera, reconhecidamente, 118 assassinatos, uma parte dentro do presídio onde passou e passa a maior parte dos seus 60 anos de vida. Forte como um touro, o mulato de 1,74 metro, voz baixa e num tom que não se altera, começou a matar ainda adolescente. O corpo é todo tatuado, uma homenagem à morte: é só caveira, faca, e por aí vai.

Pedrinho Matador começou a dar lucro para os cemitérios aos 14 anos de idade. O pai fora demitido da companhia que cuidava dos trens no interior de São Paulo. Pedrinho não conseguia entender por que haviam mandado um pai de família embora. E resolveu também não perguntar: pegou uma espingarda e ficou escondido na entrada da casa do chefe que cometera a injustiça contra seu pai. O homem nem viu quem o matou com três disparos.

A partir daí, achou interessante resolver os problemas da maneira que considera "mais simples". Não tardou uma semana para Pedrinho – repito, aos 14 anos de idade – acabar com uma desavença entre ele e um primo. Os dois estavam perto da máquina de moer cana e o primo, mais velho, dera umas bordoadas em "quem não devia". Pois "quem não devia", o nosso Pedrinho, bateu com uma pá na cabeça do outro e teve uma ideia, segundo ele, brilhante:

– Coloquei o braço dele no moedor de cana, mas não consegui passar o corpo todo.

O destino de Pedrinho estava selado, ou melhor, Pedrinho nascera para matar. E o que é matar? Foi a pergunta que fiz naquela jaula, onde ele tomava banho de sol no Piranhão. Talvez seja a hora de explicar como Pedrinho também matou o próprio pai, aquele que ele "vingara" depois da demissão. Mas não, antes é melhor contar o que é Pedrinho na cadeia.

Pedrinho vive isolado – nenhum preso, mas nenhum mesmo, quer qualquer tipo de contato com o maior matador do país. Todos têm medo; afinal, ele já matou 44 criminosos dentro das penitenciárias.

Por isso, os agentes que cuidam da segurança no Piranhão estranharam quando Pedrinho me chamou naquele dia. Eu estava lá fazendo uma série sobre "mentes assassinas".

– Marcelo, entra aqui – pediu ele.

"Aqui" quer dizer uma jaula de uns 300 metros quadrados, ao ar livre, com grades até no teto, onde os presos param de jogar futebol de salão quando chega a hora de Pedrinho tomar banho de sol. Você viu o filme *O silêncio dos inocentes*? Pedrinho é o Hannibal Lecter.

– Entra aqui, quero te fazer um convite.

– Convite para quê?

– Vou me casar.

– Vai o quê?

– Entra aqui.

Os guardas não queriam abrir, até que os convenci: e entrei. Um aperto de mão forte, um abraço, e pensei: "morri enforcado". Sentamos num banco de cimento, encostei bem a perna na perna de Pedrinho, para diminuir o espaço, como se isso adiantasse.

– Vê se não vai ter alguma ideia diferente comigo, hein?

– Que é isso, Marcelo? Você vai ser meu padrinho de casamento.

Pedrinho começara a receber cartas apaixonadas de uma presa. A mulher estava condenada por tráfico e cumpria pena a mais de 500 quilômetros da "casa" do amado.

– Ela me escreve sempre.

– E você?

– Não sei escrever direito essas coisas de amor.

Ali, na jaula, aceitei honrado o convite, mas o casamento não aconteceria, porque Pedrinho "tinha mais o que fazer".

– O que é matar para você, Pedrinho?

– Sabe quando você sente calor e toma um banho de água fria? É isso: eu sinto um calor me dominando, e ele só passa na hora em que mato.

– E em quanto tempo o tal calor volta?

– De repente.

E eu, voz tímida:

– Você não está sentindo esse tal calor agora, né, Pedrinho?

Ele apenas sorriu – não disse que sim nem que não.

Os guardas, que assistiam à cena e ouviam tudo da entrada da jaula, resolveram que era melhor se aproximar.

Não pense que Pedrinho baba, grita, tem raciocínios que não chegam a lugar nenhum – ou mesmo que dá pinta de louco. Esquece: ele é um cara que, sem saber das mortes, você consideraria extremamente normal. Seu pensamento segue sempre em ordem, ele jamais esquece o que te contou, e tudo, absolutamente tudo, tem cognição. Nem mesmo insinue a ele, por mais leve que seja, que é doido. Uma vez comecei a ensaiar:

– Pedrinho, você acha que às vezes uma loucu...

Ele me olhou, pela primeira e única vez das quatro em que estivemos juntos, com uma frieza cortante. O dorso se ergueu lentamente, quase imperceptivelmente, como se fosse um animal pronto para o bote e, sei lá eu por quê, parou de repente o movimento que fazia em minha direção. A voz, sempre baixa, ficou mais baixa ainda:

– Melhor mudar de assunto.

Lembrei-me do que já sabia e estava esquecendo: raros são os seres humanos que gostam da verdade. E, no caso de nosso companheiro aqui, melhor mentir.

Mesmo ao ar livre, fazia calor na jaula – a temperatura em Taubaté, no interior paulista, chega a 30 e tantos graus no verão. Não corria uma brisa – e, na cadeia, o tempo parece sempre mais quente com aquela pesada energia que circula entre homens que praticaram toda espécie de barbaridade.

Vi passar perto de nós, pelo corredor, o lendário Bandido da Luz Vermelha. João Acácio ficou assim conhecido porque usava uma lanterna para fazer seus ataques. Em pouco tempo ele sairia dali para a liberdade – e um mês e pouco depois encontraria a ponta de uma arma: se meteria numa discussão besta, achando que nome e fama ganhava jogo "de vida ou morte". E logo, sempre assustado e de passo ligeiro, passou ali Chico Picadinho, aquele que esquartejou uma garota de programa – crime que foi um estardalhaço cerca de 30 e tantos anos atrás e que hoje parece rotina.

Nem eles olham para Pedrinho.

– Sabe por que tomei gosto pela morte? Por causa de meu pai. Quando ele matou minha mãezinha, que esta no céu, eu jurei que dali para a frente eu o mataria e mataria tudo que é homem que faz maldade com mulher.

– E você acredita que existe céu, Pedrinho?

– Claro, a gente vive esse inferno de vida para depois ir para o céu.

"Tem lógica", pensei.

Pedrinho se acha um vingador da honra das mulheres. A primeira foi a mãe, barbaramente assassinada pelo marido, pai biológico de Pedrinho. Quando a morte aconteceu, Pedrinho tinha 15 anos e saiu desesperadamente à caça do pai, mas não o encontrava em nenhum lugar. Então, segundo ele, para aplacar o ódio, começou a matar, mas "só homens; era uma forma de vingar minha mãe".

Assim, ele passou a se considerar um justiceiro, e pensava que, ao matar um homem, criava a possibilidade de uma mulher viver melhor. Não que ele conhecesse a mulher do homem assassinado. Ele achava que, eliminando o masculino, o feminino ficaria preservado e, a partir daí, a mãe dele ressuscitaria em cada mulher.

Um dia, ele estava sentado na escada de uma igreja, em Mogi das Cruzes, terra em que passou parte da vida antes de ser preso. Um casal, bem ao lado, começou a falar um pouco mais alto um com o outro. Mas não era nada de mais, era coisa do tipo:

– Vamos de ônibus.

– Não, não, vamos de trem.

– Não, vamos de ônibus!

– Não, vamos de trem.

Pedrinho nem conversou com o homem. Bateu no ombro do cara, deu quatro ou cinco tiros no rosto dele, virou as costas e foi embora, dizendo para a mulher:

– Agora você está livre.

Em 1972, Pedrinho chegou aos 18 anos, e sempre à caça do pai. Quantos já matara até então? Não recorda bem; uns 20, segundo ele.

A essa altura, Pedrinho era temido. Seu nome ganhava força no mundo do crime, mas ele era apenas "um matador solitário". Não queria entrar para quadrilha alguma, não queria assaltar, nada – para viver, vendia a morte. Transformara-se num assassino de aluguel e só aceitava encomenda em que a vítima fosse homem.

Foi aí que descobriu que o pai estava preso no Carandiru, então a maior penitenciária da América Latina, por ter matado a mãe de Pedrinho. Estava se aproximando a hora de ele morrer.

O que Pedrinho fez? Matou alguém e se deixou prender, e também acabou no Carandiru. Quando entrou lá, o pai soube na hora – e conseguiu uma medida de segurança qualquer. Foi transferido para o manicômio judiciário, onde ficam os condenados considerados loucos.

"Não seja por isso", pensou Pedrinho. Ele, então, escolheu um preso que batia na mulher e que também já matara outra companheira. E ali, num dos campos de futebol do presídio, chegou lentamente – na mão, creio que direita, carregava uma faca extremamente bem afiada, feita com um pedaco de ferro que arrancara de uma das paredes da cela. Quando o preso percebeu, Pedrinho já o agarrara pelo pescoço e cravara o ferro no peito. As perfurações seguiam num ritmo rápido, antes que os guardas chegassem.

A sirene do Carandiru gemeu alta. Os presos se afastaram num círculo, e ali, no meio, o condenado morto e Pedrinho sujo de sangue. Mas esse era apenas o começo do plano. Pedrinho abriu a boca do condenado, enfiou a faca lá dentro e arrancou a língua do sujeito. Nem mesmo os mais cruéis dos presos estavam entendendo. O que predominava eram a sirene gemendo e o silêncio de todos. Pedrinho trouxe a língua com a ponta dos dedos e colocou na boca – isso mesmo, na própria boca – e começou a mastigar. O sangue escorria pelo queixo. Foi quando os guardas chegaram.

Depois de 30 dias de castigo, num calabouço escuro e mais fedido ainda do que as celas comuns, Pedrinho reencontraria a luz do dia, certo de que o plano seguia o curso planejado: ia ser transferido para o manicômio, onde estava o pai que tanto queria eliminar. Ao chegar, a frustração: o pai – também Pedro – tinha conseguido fugir. Pedrinho comera a língua do outro à toa – ficou entre os loucos, ainda mais louco de raiva.

Um ano, acredita Pedrinho, se passara, e então chegou a notícia: o pai tinha sido recapturado e levado para um presídio no outro extremo do Estado de São Paulo. Os laudos – tanto de médicos quanto dos chefes de disciplina – diziam que Pedrinho estava recuperado: comer a língua fora apenas um surto. Pedrinho ia ser removido para uma cadeia "normal". O pai estava perto de morrer.

Não eram tantas as penitenciárias naqueles anos 1970, e Pedrinho conseguiu vaga exatamente onde estava o pai.

Chegou o dia: o pai estava na cela com mais 12 caras. Jogava cartas distraído – se é que na cadeia existe alguém distraído. Pedrinho entrou:

– Quem não quiser morrer pode sair.

A fama de Pedro Rodrigues Filho era bem conhecida. Os presos se escamaram, isto é, vazaram. Menos três – dois morreram em segundos. E aí ele ficou diante do pai, que, para ele, era – e até hoje continua sendo – o assassino de sua mãe.

O que se ouvia eram gritos de "pelo amor de Deus". E nada mais. Pedrinho, conta-me ele, não disse uma palavra. Assassinou o pai sem dó com um punhado de facadas. Ele achava que a alma da mãe só ficaria livre se a promessa feita diante do caixão fosse rigorosamente cumprida: abriu o peito do pai, pegou o coração e comeu. Estava se acostumando com o gosto da carne humana.

– Só assim, Marcelo, minha mãezinha descansou em paz.

Quem sou eu para discordar aqui dentro da jaula.

Mesmo com 118 assassinatos nas costas, Pedrinho conseguiu sair outro dia da cadeia. Livre como um passarinho. Mas passarinho, quando fica muito tempo na gaiola, não sabe voar nem sabe para onde ir. Pedrinho até conseguiu chegar a algum lugar, mas, como escreveu o escritor francês W. Somerset Maugham, autor de *O fio da navalha*: "a coisa infeliz sobre esse mundo é que os bons hábitos são muito mais fáceis de abandonar do que os maus". Pedrinho foi preso outra vez – tem um mau hábito.

Mas essa é outra história.

- 12 -
A Globo como inimiga

"Ladrão por ladrão, eu vou lidar com os originais."

Foi o Luizinho quem me falou primeiro:

– Por que você não investiga as mazelas do futebol brasileiro?

Vascaíno até a medula, Luiz Nascimento era meu chefe direto. Naquele fim de ano de 2000, ele dava as cartas no *Fantástico*: era o diretor-geral, cargo que ocupa até hoje com extremo talento.

– Você não quer se meter com futebol? Tem uma investigação acontecendo e estão ensaiando uma CPI (Comissão Parlamentar de Inquérito) no Congresso. Por que você não mergulha nisso?

– Fica tranquilo que eu vou dar uma olhada. Mas já não conheço mais ninguém nesse meio... – disse, lembrando-me de que eu tinha, durante um ano, montado uma longa investigação na revista *Placar* sobre os podres poderes do futebol, isso nos anos 1980.

– Mas a roubalheira é a mesma.

Alguns dias depois, o Vasco decidiria com o São Caetano o título do Campeonato Brasileiro, em seu campo, o estádio de São Januário. Aquele fora o palco de grandes momentos da história. Fora ali, com a arquibancada lotada, que o presidente Getúlio Vargas, em 1º de maio de 1940, anunciara para o país a Consolidação das Leis do Trabalho, criando a carteira assinada que passaria a dar várias garantias aos trabalhadores.

Mas estávamos em 30 de dezembro de 2000. A arquibancada, superlotada, tinha gente até na marquise. O empate daria o título ao Vasco. Em campo, o maior ídolo: Romário – que, aos 20 minutos do primeiro tempo, sentiu uma fisgada na perna e foi substituído. Três minutos depois, estourou uma briga entre vascaínos – e eu, em casa, vi o alambrado não aguentar. Pânico geral.

Ambulâncias chegam, bombeiros correm, policiais militares tentam conter a invasão do campo. E o vice-presidente vascaíno, Eurico Miranda, grita que o jogo deve continuar. Há um impasse entre as autoridades, enquanto os feridos são retirados – 150 torcedores, três deles em estado grave.

– Tem que ter jogo. Não houve nada. Já está tudo em ordem – esgoelava-se Eurico.

Duas horas depois chega a decisão: o governador do Rio de Janeiro, Anthony Garotinho, mandara suspender a partida, com medo de desabar o estádio inteiro. Eurico encontra um culpado:

– Foi a TV Globo que mandou suspender. A TV Globo não quer mudar a sua programação.

Duas horas de atraso significariam, realmente, alterar toda a grade de programação do canal. Mas não era isso que estava em jogo: era a vida de milhares de pessoas comprimidas por cada metro quadrado de São Januário. A sensata ordem tinha vindo do Palácio do Governo, mas Eurico precisava encontrar outro culpado.

A partida acabou remarcada para o ano seguinte: 18 de janeiro de 2001. E dessa vez no estádio do Maracanã. Eu descobriria depois que seria tempo suficiente para Eurico Miranda preparar uma surpresa para a TV Globo.

É preciso entender a força de Eurico Miranda, um "rei do futebol", que dava as cartas, mandava e desmandava, arrogantemente. Eu o conhecia havia muitos anos, do meu tempo de repórter-estagiário do *Jornal dos Sports*.

Ao deixar os campos para mergulhar no mundo do crime, cunhei uma frase, para explicar minha decepção com o esporte mais amado do nosso povo: "Ladrão por ladrão, eu vou lidar com os originais". É que o futebol se tornara um negócio sujo: já não existiam os antigos dirigentes, que, em vez de se beneficiar com os clubes, colocavam dinheiro do próprio bolso. O futebol transformara-se num negócio milionário, com propinas pagas no exterior, patrocínios de grandes empresas, craques cercados por empresários suspeitos... Enfim, a quadrilha da bola movimentava (e movimenta) mais dinheiro do que todas as facções criminosas do Brasil somadas – excluindo-se, claro, a de alguns políticos.

Eu estava em casa, em São Paulo, vendo o jogo pela televisão, e me lembrei do que o Luizinho falou. Aí pensei: "Acho que é a minha vez de olhar os bastidores do futebol mais de perto".

Na segunda-feira, dia seguinte ao acidente no estádio do Vasco, recebi uma ordem mais clara e definitiva da Globo: descobrir como Eurico vivia, como conseguia mandar e desmandar no futebol.

Além do Vasco, ele mandava na Federação de Futebol do Rio de Janeiro, no Clube dos 13 (reunião dos clubes mais importantes do Brasil) e na CBF. No passado, Eurico herdara parte de algumas padarias do pai. Mas tudo falira. Eurico, então, passara a trabalhar no mercado São Sebastião, um entreposto de alimentos às margens da Avenida Brasil, um dos principais eixos entre o centro e o subúrbio do Rio de Janeiro. E com saída para a Via Dutra. Naquele momento, na época da partida, seu trabalho era ligado a alguns empresários vascaínos milionários, e Eurico era um homem de classe média... média.

Decidi ir à final no Maracanã. O Vasco venceria por 3 a 1 o São Caetano e se sagraria campeão. Eurico tinha preparado uma surpresa para a Globo, que transmitiria a partida: mandou colocar na camisa do Vasco o nome do SBT bem grande. Era a represália dele ao que chamava de "poder da Globo". Foi mais um erro do dirigente.

A última vez que eu tinha entrado naquele gigante fora em 1989, para ver meu time do coração, o Flamengo. Onze anos tinham se passado. As arquibancadas estavam repletas, o grito de Vasco ecoava como se fosse uma só voz. Encontrei meus antigos companheiros de jornalismo esportivo, e todos ficaram meio desconfiados:

– O que você está fazendo aqui?

Lá no Rio, todo mundo sabe que eu sempre torci para o Flamengo.

– Eu vim dar uma olhadinha no futebol, só isso...

Foi o estopim para eu começar a receber informações de toda a sorte de delinquências e traquinagens.

Voltei para São Paulo, certo de que teria uma tarefa difícil. Seria necessário conseguir informações confidenciais, mergulhar na vida pessoal, financeira e econômica de gente poderosa ligada ao futebol. Montar, com calma e cautela, um quebra-cabeça idêntico ao que fizera na revista *Placar* havia alguns anos.

Não deu tempo. No sábado seguinte, em São Paulo, estava na rua passeando com Bebé, meu cachorrinho bichon frisé, quando tocou o celular. Era o Carlos Schroder, de quem já falei e que praticamente foi meu interlocutor na maior parte da minha vida na Globo.

– Marcelo, sabe a história do futebol?

– O Luizinho pediu para eu dar uma olhada, mas estou tateando ainda. É um trabalho complicado, e, na verdade, nem sei por onde começar. Vai demorar um tempo, tenho que abrir um monte de portas.

– Olha, a gente tem uma informação de que o Eurico Miranda, mesmo com salário de deputado, comprou uma casa nos Estados Unidos, em Miami. Você está sabendo?

Ia me esquecendo de dizer, ou melhor, de escrever: com o prestígio do futebol, Eurico Miranda conquistara o posto de deputado federal. Jamais se elegeria de novo. Mas isso é para daqui a pouco.

– Estou. Quando fui à final, me deram essa informação e disseram até que a casa fica em Boca Raton, num condomínio de luxo, a coisa de meia hora de carro do centro de Miami. Ficaram de ver o endereço exato para mim.

– Olha, tem um cara nos Estados Unidos que sabe onde é e quer contar para você.

– Legal!

– Então, vai para os Estados Unidos agora.

– Agora? E o que é que eu faço com meu cachorro?

– Porra, Marcelo! Vou mandar providenciar a passagem para você ir para os Estados Unidos agora. O cara quer te ver na segunda-feira.

– Não. Faz o seguinte, deixa que eu entro no circuito da passagem. Você só avisa para a chefia de plantão.

Dali a pouco a produção de São Paulo me ligou:

– Marcelo, quando é que você vai para os Estados Unidos? O Schroder me ligou e...

– Faz o seguinte: me arruma um voo para amanhã, o mais cedo que tiver, para eu chegar e ter um tempo de olhar as coisas lá.

Fui num voo de manhã. Schroder caprichou: me colocou na executiva. Cheguei lá no final da tarde. Mas fui com um medo de lascar; não podia esquecer que, antes, eu tinha saído fugido dos Estados Unidos por causa da reportagem sobre os CDs piratas. Fiquei com muito medo de que na imigração houvesse algum informe do FBI. Era preciso controlar os nervos. Graças a Deus, passei batido.

Decidi ficar num hotel próximo ao aeroporto, assim poderia sair rapidamente em caso de necessidade urgente – fiz a coisa certa. Cheguei, botei um short, calcei um par de tênis e fui andar pelos arredores do hotel. Fazia 25 graus.

À noite, eu me encontrei com dois companheiros da Globo deslocados do escritório de Nova York: o produtor David Presas, um americano criado no Brasil, e o cinegrafista Hélio Alvarez, que hoje voltou a trabalhar em São Paulo. Agora era esperar o informante que nos levaria ao luxuoso condomínio de Eurico Miranda, em Boca Raton. O cara, saberíamos depois, trabalhava para alguém envolvido num negócio com Eurico – e alguém tinha perdido uma grana. Queria forra. Que negócio? Ele jamais disse.

Meu quarto, propositalmente, dava para o pátio do estacionamento, que desembocava na recepção. Eu podia acompanhar o entra e sai. Nós precisávamos "montar" o ambiente para instalação da microcâmera, e o quarto, por sinal, era apertado. Uma cama grande dividia o espaço com um armário, um aparador (onde ficavam a TV e uma série de prospectos) e uma mesa com duas cadeiras encostadas na única janela. Melhor que fosse apertado, assim teríamos menos ângulos para cobrir.

Já nesse domingo começamos a posicionar a microcâmera escondida num dos criados-mudos, bem em frente a uma das cadeiras. Eu teria que induzir o sujeito a se sentar na cadeira de frente para a lente.

A segunda-feira chegou trazendo um lindo sol, mas eu precisava manter a cortina fechada, para evitar que a luz de fora criasse contraluz, apagando assim o rosto do cara. Se isso acontecesse, eu não teria como identificá-lo. O ambiente ficou meio estranho, mas paciência!

O informante tinha marcado o encontro para as 11 horas da manhã. Eu, do quinto andar, fiquei observando o estacionamento, por uma fresta da cortina. Quando deu por volta de 11 e pouco, vi saltar um cara (já tinham saltado vários e nada), e dali a uns minutos tocou o telefone. Era ele.

Hélio ligou a microcâmera e foi com o David para o quarto deles. Não podíamos assustar o sujeito com tanta gente.

Ele entrou. Era brasileiro radicado há anos por lá. Tinha cara de "mauricinho", muito bem ajeitado, muito cerimonioso. O terno azul-marinho caía com estilo no corpo magro de 1,80 metro. A camisa branca de algodão caro era ornada por uma gravata de grife de um azul mais claro. Quer saber se a pessoa é realmente chique? Olhe para o sapato. O dele era um Ermenegildo Zegna – meu amigo Max Cavinatti tinha um igual que me chamara a atenção dias antes.

Meu pensamento: "Vou gravar esse cara porque, por via das dúvidas, é melhor ter do que não ter. Posso nem usar a imagem; porém, é melhor garantir".

Mas quem era esse cara? O informante vivia de fazer negócios para grandes empresários brasileiros. Se eles queriam comprar uma casa nos Estados Unidos, era ele quem indicava; se queriam vinhos de qualidade, ele mandava. Se queriam um equipamento de última geração, era com ele mesmo. Ele vivia de meter muamba no Brasil.

A conversa seguia amena, como toda conversa que antecede um negócio. Falávamos de vinho, o meu hobby. Até que, uns 20 minutos depois, ele sacou:

– Eu sei onde é o condomínio.

– Então, vamos lá.

– Mas eu não posso aparecer, porque vivo de negócios com empresários – disse ele, começando a ficar reticente. E ele já estava sendo gravado.

"Agora é tudo ou nada", pensei. Vou blefar:

– Meu camarada, é o seguinte. Você deve ter alguém ou uma grande empresa que te banca aqui, e esse alguém também dá ordens e mandou você vir aqui falar comigo. Se você ficar com esse negócio de ficar em cima do muro, de "sei, não sei", eu me mando. A onda que me trouxe é a mesma que me leva…

Pablito – esse era o apelido do brasileiro – se espantou… O que ocorre com os informantes é: se você não der um freio, ele se acha o dono da situação. Isso é muito psicológico, e ele passa a querer ditar o que você vai fazer, já que ele sabe que detém a informação que você tanto deseja, e que você é, de certo modo, dependente dele.

Lidar com informante é uma coisa dificílima, e é preciso saber a hora de dar uma dura. Se isso não for feito, ele começa a vender caro a "deduragem", fica se divertindo com a sua cara.

Resultado? Depois que dei a dura, ele decidiu ligar para o sujeito que o mandara até mim. Era "o prejudicado" pelo Eurico Miranda. Quando a ligação acabou, o homem era outro: tinha também recebido uma dura do chefe. A conversa agora seria outra.

Eu queria ir logo para o local, e essa, na verdade, é outra questão difícil de avaliar. Há momentos em que você não pode ir direto, e há momentos em que você tem que ir rápido. Cada situação é completamente diferente da outra. Já tive experiências em que passei mais de uma semana sem me mexer, porque preferi recuar. Em geral, quem vai ditar isso é a intuição.

Embora eu quisesse ir naquela hora, o informante se recusou, e eu fui ficando aflito. Ele tinha uns negócios para fazer na cidade:

– Volto mais tarde.

Meu estômago contraiu.

David e Hélio desceram: tudo gravado. E daí? Eu não sabia o endereço, não sabia nada. Nem quem era o cara, muito menos o chefe dele.

Às 3 horas da tarde em ponto ele voltou. E chegou diferente:

– Vamos ver o condomínio?

– Claro.

E fomos de Miami para Boca Raton, coisa de 30 minutos. Paramos para tomar um café logo na entrada: o shopping só tinha lojas de grife. Contei: ao longo da calçada, quatro Ferraris, três Porsches, sei lá quantos Mercedes e Audis. E um Lamborghini amarelão igual ao do meu amigo Percival. Mulheres extremamente bem arrumadas ou de biquíni passavam com rapazes fortes tão bronzeados quanto elas. E aquele cheiro de maresia boiando no ar. Parecia um seriado americano.

Chegamos ao condomínio de Eurico Miranda. Demos uma volta por fora. Uma área de um quarteirão inteiro, bem segura – toda cercada de muros e verde, placas de propriedade privada e guardas particulares em cada ponto, além das sempre presentes câmeras de segurança. Altíssimo luxo, com um córrego ao redor chamado Santa Bárbara. Da portaria, avistava-se lá dentro, a cerca de uns 50 metros, uma porta com um pé-direito altíssimo, de uns cinco metros, ladeada de uma madeira trabalhada e de vidro bisotê de cristal. Seguranças armados, às dezenas, e carros de vigilância circulavam sem parar.

Como é que eu vou entrar aí?

Parei, como se estivesse olhando alguma coisa, e estava olhando para o nada. Lembrei que estava nos Estados Unidos e não numa esquina qualquer do Brasil. Recuei. Não por algum motivo específico. Recuei porque recuei.

– Não, não vamos tentar entrar hoje. Vamos deixar para amanhã.

Precisava olhar mais. Pensar mais. Fiquei por ali, dei uma volta. Em frente havia um shopping, eu doido por um café, mas não: "Tem muito brasileiro, vão acabar cruzando comigo". Voltei para o hotel. O que íamos fazer para achar a casa do Eurico?

No outro dia, logo de manhã, marcamos de ir ao condomínio.

– Olha, vamos chegar lá e dizer que queremos visitar a casa do seu Eurico Miranda.

E assim fizemos. O David, dirigindo, encostou e disse:

– Eu gostaria de ir à casa do senhor Eurico Miranda...

O cara foi lá no computador para localizar.

O que queríamos com isso? Confirmar a informação. Sabíamos que era ali, o informante tinha nos avisado. Mas entre o cara me dar a informação e ela ser verdade, vai um século e meio.

O cara da portaria disse:

– *Mister* Miranda. O primeiro nome é Eurico.

O nome Eurico foi pronunciado de um jeito que não dá nem para escrever.

David, que estava perto da guarita, olhou o computador e viu o número da casa. Aí o guarda disse:

– Olha, liguei lá, não tem ninguém.

– Eu posso ir lá dentro deixar uma carta? – David perguntou.

– Não, não pode, só entra com autorização dele. O senhor me dá a carta que eu entrego.

– Então, por favor, o senhor entrega no número X – disse o David, porque ele tinha visto o número no computador. – Qual é o nome da rua mesmo, para eu botar direitinho aqui?

O homem deu o nome da rua. O David entrou no carro e fomos embora. Estava confirmado: existe o Eurico Miranda, existe a casa, existe tudo. E nós sabíamos onde, mas não sabíamos como entrar para mostrar tudo.

Já era tarde e voltamos para o hotel. Ficamos conversando um pouco, depois saímos para jantar. Estávamos tomando um vinho, fonte de inspiração, quando finalmente me veio a ideia:

– Já sei o que a gente vai fazer.

– O quê? – perguntou Helinho.

– A gente vai comprar uma casa.

– Comprar uma casa?!

– É, vamos fazer o seguinte: nós vamos comprar uma casa em nome de um brasileiro.

Estrangeiro aqui não compra casa em nome próprio. Só otário. Todo mundo compra em nome de *offshore*. O cara monta uma empresa nas Bahamas, em Nassau, bota um advogado americano de testa de ferro, e a vida segue.

– Nós vamos achar um corretor. Você, David, é o tipo certo para esse negócio, porque fala português como um brasileiro e inglês como um americano. Com a ajuda de nosso informante, que só vive de negócio, vamos achar um corretor. Mas antes disso vamos ver se existem outras coisas no nome do Eurico Miranda.

– Eu conheço um ex-agente da CIA aposentado chamado Roger Gibson, que pode nos ajudar com isso – lembrou o David. – Ele é um tipo grandão, barrigudinho, meio polaco, sem nenhum cabelo, com a cabeça igual à do Kojac.

Num escritório nos arredores do centro de Miami, Gibson ocupava todo o 10º andar do prédio moderno. Os negócios de espionagem iam bem. Depois de ter se aposentado da CIA, pendurou os muitos diplomas na parede, mandou emoldurar algumas fotos dele em ação e fez, sob medida, uma espécie de cristaleira onde guardava as armas prediletas – aquilo impressionava.

– O que é que vocês querem? – perguntou o Gibson, com um sorriso. Deixara a cara dura de agente de lado e passara a usar a amabilidade para traficar informações.

– Eu quero ver se acho duas coisas. Primeiro, preciso saber se um brasileiro chamado Eurico Miranda tem uma propriedade nesse endereço. Preciso saber em nome de quem está, se é em nome de empresa ou não. Segundo, quero saber se ele tem carteira de motorista, porque se tiver tem também seguro social, e aí é outro quadro. Quero saber se ele tem carros em nome dele ou já teve. Se tem celular vinculado ao endereço da casa.

Disse o que queria sem explicar o porquê. Fiquei na minha. Ele não era ex-agente da CIA? Então, que se virasse. Só estava contratando o serviço burocrático.

– Vamos deixar que ele toque o lado dele e a gente vai tocando o nosso – eu disse para o David.

Largamos a bucha na mão do Gibson. No outro dia, eu disse para o David:

– Não vamos lá na casa ainda. Vamos deixar quieto.

Fomos para a prefeitura que cuida daquela região de Boca Raton para pesquisar a quem pertencia a casa no Registro Imobiliário. Uma facilidade por 20 dólares, bem diferente do que ocorre no Brasil. Você diz o que deseja e a mulher diz assim:

– O senhor tem o endereço? Então, basta ir ali no computador e pesquisar. Se o senhor achar, volta aqui, me dá o número da página, paga os 20 dólares e eu lhe dou o papel.

– Perfeitamente, minha senhora.

Fui lá, pesquisei e... *pá*! Achei a casa, no nome de uma *offshore*. O nome era Lolo Investment Limited. Lolo, porque Lolo era o apelido do avô do Eurico (o que eu só fui descobrir lá na frente).

Fui lá, paguei a taxa de 20 dólares e a mulher me deu o Registro do Imóvel onde constavam o antigo proprietário, a Lolo como nova proprietária e o nome do testa de ferro, ou seja, daquele que assinava pela Lolo. Era um advogado americano. Pimba!

Saímos pesquisando o advogado e o achamos num canto de Miami, onde tem um grande conjunto de escritórios sofisticadíssimos. Os prédios ficam numa espécie de ilha no braço de um rio. Você entra por uma pequena ponte: um charme só.

Como é que eu ia provar que a casa usada pelo Eurico Miranda é de fato dele se ela está no nome de uma empresa nas ilhas de Nassau, a Lolo Investment?

– Está feia a coisa, vai ser difícil provar isso – eu ria e comentava com David.

Algum tempo depois, o Gibson ligou e pediu que fôssemos encontrá-lo, pois tinha novidades. Fomos lá. Ele me entregou o mesmo papel que eu conseguira na prefeitura. Eu não disse nada, porque o cara ia ficar danado da vida, mas isso mostrava que estávamos indo no mesmo caminho. Mas ele tinha coisas que eu não tinha: os carros que o Eurico movimentou por lá. Por que os carros? Porque com essa informação eu saberia o tempo que ele estava frequentando a casa.

Qual é a primeira coisa que querem fazer esses caras que ficam ricos do dia para a noite? Comprar um carro. Sei lá porque diabo isso acontece, mas é a primeira coisa. Então, sabendo mais ou menos o período de frequência, levantei os carros. Tinha um que ele alugava com mais frequência, e a gente conseguiu o registro por causa de uma multa.

Cheguei à empresa. Era de um brasileiro, por coincidência, filho de um conhecido meu, Dante Rocha, que tinha sido oficial da Marinha e depois se meteu com futebol como preparador físico e supervisor. Eu o conheci no meu tempo de futebol de *O Globo* e da *Placar*.

Passei de carro pela porta da locadora, mas ainda não era a hora. Repare. Qual é a ilegalidade de um cara alugar um carro? Zero. Já a casa era um problema, porque supostamente ele não tinha renda para comprar uma casa nos Estados Unidos, principalmente uma casa de 500 mil dólares. Mas isso eu não tinha vinculado a ele. Fiquei olhando aquele monte de papel e pensando: "Como é que eu junto isso para vincular ao Eurico?".

A essa altura, o informante já tinha localizado um corretor da região de Boca Raton. E combinamos de ir com ele até o condomínio.

Eu, já gato escaldado, achei melhor entrar novamente disfarçado de motorista, como fizera em outro caso, já que em Miami sempre tem muito brasileiro em todos os lugares, e eu não queria que me reconhecessem. A ideia de ser motorista funciona, e já provei no capítulo da venda de jogos pela Comissão Nacional de Arbitragem: ninguém dá bola para motorista.

Então, botei um paletó e uma gravata e fui na frente, dirigindo a van. O David foi no banco logo atrás, com uma daquelas camisas que americano gosta de usar em Miami, toda estampada. Ao lado dele o corretor e, no fundo da van, o Helinho, com a câmera normal.

A ideia: David representava um empresário brasileiro. Ia filmar algumas casas naquele condomínio, porque o "comprador" já estivera lá na casa de um amigo e tinha gostado muito. Eu só não contava que o corretor fosse um brasileiro numa Miami que consome a TV Globo tanto como aqui. Fiquei duro no volante, e mexi no retrovisor para diminuir a possibilidade de o cara ver meu rosto.

Duas da tarde. Um lindo dia de sol – por sinal, parece que o sol mora por lá. Chegamos ao condomínio, e o corretor estava mais animado que pinto no lixo: prestes a vender uma casa de 500 mil dólares. O informante nos esperava – o corretor saltou e foi ao encontro dele.

Eu disse para o David:

– Não salta. Deixa os dois conversarem.

O informante já tinha sido orientado por mim para, antes de ver a casa, dar uma volta pelo condomínio inteiro. E, de preferência, apontar casas de outros brasileiros. Uma delas era a suposta casa de Eurico – rua e número coincidiam.

O condomínio tinha um complicador, um lago monstruoso no meio, e para passar de uma ponta do lago à outra, a fim de chegar a outro setor do condomínio, você tem que dar uma volta monstro e, se bobear, acaba se perdendo. Mas isso só aconteceria depois.

O corretor agora estava com o informante num carro na frente, servindo de guia. Eu, com o David e o Helinho, vendo o condomínio, olhando as ruas, os nomes. Nessas, avistamos o nome da rua do Eurico e, quando fomos chegando ao fim da rua, o número.

A picape à frente entrou numa rua à esquerda, porque aquela ruazinha acabava e não dava jeito de passar para o outro lado do condomínio. Mas eu segui em frente até ver a suposta casa do Eurico. Os caras me esperaram, pensando que eu tivesse me enganado. Dei uma ré, voltei e fui atrás deles.

Missão cumprida: eu já sabia onde era a casa. Tinha visto, mas não pude filmar porque eu estava com o cara ali.

O local, só para dar uma ideia, é uma coisa circular. A suposta casa do Eurico estava numa ponta do círculo, e a 90 graus, na outra ponta, estava a casa que a gente ia ver.

Eu tinha armado o seguinte: o David diria para o corretor que iria filmar a casa que estava à venda, para mandar para o empresário no Brasil. Isso é muito comum com imóveis desse tipo e com gente endinheirada que possa pagar por eles. Rico não sai batendo perna – vai na certa. O corretor achou isso natural, óbvio.

Acertei com o Helinho e com o David:

– O Helinho filma a casa por dentro e diz que vai dar uma volta para filmar o condomínio. O David enrola o papo lá dentro por uns 15 minutos. Helinho e eu vamos filmar a casa do Eurico. Para todos os efeitos, se a segurança nos parar, a gente diz que está com o corretor e que está gravando o condomínio. E eles que se virem com o corretor.

Isso falando parece simples, mas na hora corre uma única gota de suor. Ela desce pelas costas e sobe. Igual a anúncio de refrigerante.

Quando eles entraram na casa, vi o carrinho que distribui as correspondências passar. Aquilo fez acender uma luz na minha cabeça: "Se eu der sorte...". Fiquei com aquilo na cabeça.

Enquanto o Hélio e o David estavam lá dentro, saí com o carro e tentei chegar novamente até a casa do Eurico. Eu me perdi uma vez, voltei, achei a casa, decorei o caminho e fiquei esperando o Helinho. Quando ele veio, eu disse:

– Vamos gravar a casa. É dois palitos, rapidinho. Você filma e, se der tempo, eu gravo uma passagem – momento em que o repórter aparece na reportagem.

Meti um microfone sem fio e pronto: lá estava a casa usada por Eurico Miranda. Filmamos tudo do lado de fora. Só não entrei na casa porque aí seria invasão de propriedade.

Enquanto tudo isso acontecia, eu pensava: se a segurança chegar, digo que nós estamos filmando outras coisas para fazer um comparativo. É um argumento; eles podem aceitar ou não, mas, pelo menos, é um argumento.

Passou o carro da segurança, e nem ligou.

– Hélio, agora vai até a esquina e vai fechando a lente em mim: vou gravar a passagem. Mas eu tinha uma ideia bem guardada.

Gravei uma passagem que depois, na matéria, ficou ridícula, porque eu falava tão baixinho, tão baixinho, que dava para notar quanto eu estava angustiado e queria ir embora. O que eu queria mostrar era que eu tinha entrado no condomínio, precisava mostrar que eu estava lá.

Levei o Hélio de volta e o larguei lá com o David, o informante e o corretor. Hora de colocar a ideia em prática. A imagem do carrinho de correspondência me despertara: e se eu encontrasse alguma conta da casa em nome do Eurico Miranda? Eu sei, se violar correspondência é crime aqui, imagina nos Estados Unidos? Por isso voltei à casa sozinho: não queria que o Helinho e o David, que moravam por lá havia anos, soubessem da tentativa de violação e entrassem em pânico. Cheguei bem na hora em que a caixa de correio tinha acabado de receber correspondências. A sorte estava do meu lado.

Catei tudo – as de fora e as de dentro. E soquei debaixo do tapete da van, rezando para ali ter alguma coisa endereçada a Eurico de Oliveira Miranda. Se tivesse, configuraria que ele habitava a casa, porque até ali eu não sabia como vincular.

Voltei para buscar o Helinho e o David, que, malandramente, pediu ao corretor para ver outra casa e foi no carro dele. Helinho me esperava.

Na retina eu carregava a imagem daquela porta de quase cinco metros de madeira trabalhada e vidro bisotê: "O que será que tem por trás daquela porta?".

– É o clube do condomínio – dizia-me agora David.

O corretor tinha outro compromisso. David fingiu que ia pegar um cartão na van e conversou conosco:

– Já que estamos aqui dentro, que tal combinar com o corretor e tentar liberar a gravação do clube?

David estava coberto de razão. O corretor foi embora e nós ficamos lá dentro. Falamos com uma senhora da administração:

– Nós entramos aqui com autorização, representamos um empresário que vai comprar uma casa, e estou fazendo uma fita para mandar para o Brasil. Como esse é um dos benefícios do condomínio, queria filmar também.

A senhora pediu que a gente esperasse e foi confirmar a história com a portaria. Tudo certo, e ela deixou a gente filmar.

Filmamos o lago por outro ângulo, o chafariz, o clube com sala de leitura, sala de fumante, sala de jogos, spa, quadras de tênis. Tudo de bom. Quando a gente estava indo embora, já com a casa gravada, o lago gravado, fiz outra passagem naquele lugar suntuoso.

Na hora que saímos do condomínio, parei no estacionamento do shopping que ficava ali em frente e disse:

– Isso aqui está bonito. E agora é que nós vamos saber se a gente vincula ou não a casa ao Eurico – disse, enquanto olhava para o tapete do carro.

A microcâmera que David carregava tinha gravado o corretor confirmando que o Eurico Miranda, dirigente do Vasco, tinha casa lá. Além disso, na portaria, tínhamos gravado, também com microcâmera, que ali morava um Eurico Miranda. Mas precisávamos ter um papel. Porque, se não se tem um papel, é só palavra, e palavra não é garantia de nada. O vento leva.

Quando levantei o tapete e tirei aquele monte de correspondências, o David e o Hélio queriam me matar:

– Porra, isso é crime! – gritou David.

– Isso é crime em qualquer lugar do mundo. Mas quer que eu faça o quê? Como assegurar que é ele? Só que eu não cometi crime nenhum. Isso tudo estava no chão e eu peguei. A caixa de correio estava entupida e o cara que foi entregar não colocou direito.

Acabara de mentir para os dois.

Enquanto eles me xingavam, fui remexendo a papelada. Era anúncio de mercado, de shopping, de loja, mas no meio de tudo aquilo, ah, uma conta de telefone celular de Eurico de Oliveira Miranda com o endereço da casa. Agora tínhamos o vínculo.

Nisso, Gibson, o ex-agente da CIA, ligou. Tinha encontrado um carro ligado ao endereço, e a coisa começava a mudar de figura. Naquele instante, a Lolo Investment Limited passava a ter uma casa que, no mínimo, ficava permanentemente à disposição de Eurico Miranda. O carro que ele usava e que era dele se juntava ao celular americano.

– A casa dele caiu – falei.

– Mas vocês não escutaram? – perguntou o informante.

– Escutaram o quê? – perguntei.

– O Ricardo Teixeira, presidente da CBF, segundo o corretor, tem uma casa no condomínio ali na frente.

– Eu não acredito. É muito para mim. Então, vamos lá.

Quando chegamos ao tal condomínio da casa do poderoso Ricardo Teixeira, era uma coisa tão sofisticada, mas tão sofisticada, que era como se fosse um condomínio dentro de outro condomínio. Um condomínio exclusivo que tem um exclusivíssimo dentro. Para se ter uma dimensão, quem tem uma casa nesse condomínio é a Monica Seles, ex-jogadora top de linha de tênis, além do ex-presidente da Fifa, João Havelange, coincidentemente ex-sogro de Teixeira e seu sócio em negócios que envolvem o futebol.

"Babou", pensei. Tradução: peguei todos de uma só vez.

Eu tinha descoberto que todos os registros de empresas *offshore* se concentram numa cidade chamada Tallahasse, bem longe de Miami, a umas quatro horas de distância. Pedi para o Gibson ir até lá. De Tallahasse veio um papel confirmando a *offshore*, mas, como toda *offshore*, com sócios secretos. Tudo bem, já tínhamos os vínculos.

Aí pensei comigo: "agora vou derramar o leite". Estava na hora de ir ao brasileiro, dono do negócio que alugava limusine para o Eurico Miranda, e fechar meu círculo.

Fui até lá e vi que era um lugar cheio de brasileiro. Encontrei um cara gordo, que tremeu quando me viu:

– O que é que você quer aqui? Pô, você está me gravando!

– Olha, campeão, para a gente não perder tempo, você me conta a história do Eurico Miranda e eu lhe dou um refresco.

O cara ficou meio assim, ligou para o pai dele, o Dante Rocha, meu camarada, e não conseguiu falar, mas me contou um pouco da história, mas não a história inteira. Deixou para o dia seguinte.

No dia seguinte de manhã, bem cedo, eu estava voltando para a agência de limusines, quando tocou o celular do David. Era a direção da Globo querendo falar comigo. Sexta-feira 13:

– Marcelo, você conseguiu?

– Consegui tudo. Agora só estou terminando o contato com um brasileiro, mas descobri também as mansões do Ricardo Teixeira e do Havelange.

– Então volta urgente, porque o jornal *Extra* [jornal popular do Rio, de propriedade das Organizações Globo] contratou um detetive particular há mais de um mês, e eles vão publicar isso domingo. Volta urgente para a gente colocar no *Jornal Nacional* de sábado.

Era o Schroder transmitindo uma ordem do Evandro. E no pensamento veio o velho Gibson: "Será que ele tinha trabalhado antes para o *Extra* e vendeu a mesma informação duas vezes?". Jamais obtive a resposta.

Para dar noção da minha agonia, fui ao aeroporto ver como é que eu ia fazer. O atendente:

– Tem um voo saindo agora, daqui uma hora e quinze.

– Guarda um lugar para mim.

Fui para o hotel e peguei o que dava, mal dei até logo para David e Helinho. Na pressa deixei um monte de roupas num gavetão – por sinal, eu me esqueci de cobrar do Schroder. Pedi para o David pagar a conta e saí correndo. Entrei naquele avião só Deus sabe como. Cheguei a São Paulo umas 10 horas da noite. Descansei um pouco e às 6 da manhã tomei um avião para o Rio de Janeiro.

Conseguimos colocar a matéria no *Jornal Nacional* do sábado, junto com o jornal *Extra* de domingo (que no sábado à noite já estava nas bancas).

Todo mundo ficou feliz, porque os caras do *Extra* estavam lá há mais de mês e David, Helinho e eu resolvemos o negócio em quatro dias.

A essa altura, a gente já tinha colocado o meu querido amigo Tim Lopes na história, e ele descobriu uma mansão de veraneio do Eurico Miranda à beira-mar, na paradisíaca Angra dos Reis, no Rio. Um imóvel que valia sei lá quantos milhões. Aí eu digo para o Tim, outro vascaíno até a medula:

– Acho que o vice-presidente do seu time se fodeu.

No dia seguinte, Tim me ligaria para falar de bailes funks em morros e favelas, que estariam sorteando como prêmio garotas prontas para o sexo. Anos depois Tim morreria numa dessas investigações.

Mas essa é outra história.

- 13 -
A Globo e o "rei" do futebol

"Impossível só define o grau de dificuldade."

Depois de colocar no ar no *Jornal Nacional* a incrível história de enriquecimento de Eurico Miranda, comentei com Evandro sobre as mansões de Ricardo Teixeira e João Havelange. No ano seguinte teria Copa do Mundo, pela primeira vez sediada em dois países: Coreia e Japão.

– Não, por enquanto, não vamos fazer nada com essa informação – disse-me Evandro. Porém, quando saía da sala, reiterou: – Não toque nisso, entendeu bem?

Não precisava falar duas vezes. A Globo estava negociando havia anos as transmissões exclusivas das Copas do Mundo com a Fifa. Havelange era presidente de honra da entidade e Ricardo Teixeira, além de presidente da CBF, membro do Comitê Executivo da Fifa.

Mas o que vale para hoje certamente não vale para amanhã. O telefone de minha casa em São Paulo tocou duas semanas e meia depois da ordem do Evandro. Era o Schroder, como sempre:

– Evandro quer investir mais no Eurico Miranda e naquela informação sobre o Ricardo Teixeira.

Quando comecei a investigar o Eurico Miranda era janeiro de 2001. Quando eu terminar essa história do Ricardo Teixeira seria 28 de agosto. Foram oito meses, me dei conta agora.

– Está bem, Schroder, mas como é que é isso?

– Tem duas CPIs acontecendo. Uma na Câmara cuidando do Ricardo Teixeira e outra no Senado correndo atrás do Eurico Miranda. Você precisa abrir as portas dessas CPIs.

– Mas vocês estão me propondo o quê? Que eu investigue o Eurico Miranda, que eu investigue o futebol, o Ricardo Teixeira, o presidente do Flamengo, o do Corinthians, o que vocês querem, afinal?

– A gente quer que você investigue o futebol. Nossos pontos são o Eurico Miranda e o Ricardo Teixeira, como a CBF movimenta o dinheiro e tudo o mais.

– Vocês têm noção do tempo que isso vai levar? Ou vocês acham que eu vou bater e dizer: "Ministro da Fazenda, dá para você me entregar os cheques de todo mundo? Banco, quer me entregar as falcatruas?". Vocês têm noção do rolo que é isso, não é?

– Você monta uma equipe.

– A meu gosto?

– Dentro do possível, a seu gosto.

Montamos um time. Éramos Tim Lopes, Eduardo Salgueiro, mais conhecido como Cadu, produtor do *Fantástico*, e Gustavo Poli, um editor do esporte que sabia navegar bem pela internet.

A sala de reuniões da área de esporte, no Rio, foi interditada para a gente. O grupo se reportava a mim e ao Luiz Fernando Lima, então diretor de esportes da Globo. E ele se dirigia diretamente ao Schroder ou ao Evandro, que, infelizmente, morreria em junho de 2001, dois meses antes de a reportagem ir ao ar.

Havia um entrave na relação. Eu tinha tido um desentendimento com o Luiz Fernando Lima quando saíra do esporte da Globo. Ele era o chefe de redação e quis me suspender por três dias por causa de um lance que provocara minha saída do esporte (ver capítulo 1). Depois disso, a gente até se cumprimentava, mas a relação ficou muito estremecida. Esse novo trabalho resgataria nossa relação, porque ele foi muito correto, muito profissional e, mais do que isso, muito sensível de me deixar trabalhar à vontade, com liberdade, que é como eu gosto.

Eu disse para a equipe:

– Nós vamos fazer o seguinte: eu arrumo os documentos e, a partir dos documentos, a gente vai distribuindo quem vai atacar o quê.

Gustavo Poli, além da internet, ficaria coordenando todos os movimentos. Era a ele que, da rua, reportaríamos – assim não havia risco de uma informação se perder passando direto de um para o outro. Tim e Cadu iam atacar as fontes, os locais, enfim, transformar nomes e documentos em imagens e entrevistas.

– Ok, mas que documentos você tem? – perguntaram eles.

– Nenhum. Agora é que vai começar – disse eu na nossa primeira reunião.

Liguei para Juca Kfouri, ex-diretor da *Placar* e então colunista de jornal, rádio e TV:

– Juca, eu tenho um abacaxi depois de tantos anos fora do esporte. Mas mandaram investigar o Ricardo Teixeira. Você tem algo que possa me ajudar, para dar o pontapé inicial?

Juca tinha um escritório na Avenida 9 de Julho, em São Paulo, que, na verdade, pertencia a um amigo meu, Carlos Maranhão, hoje diretor das "Vejinhas" encartadas na *Veja*. Fui até lá. Ele já tinha alguns documentos e ainda me abriu portas importantes em Brasília. Pessoas com trânsito no Congresso Nacional, no Banco Central, no Coaf (Conselho de Controle de Atividades Financeiras, que faz as investigações de transações financeiras e se interliga com o Ministério da Justiça, a Receita Federal), e por aí vai. Graças ao Juca, as portas se abriram nesses bastidores que são dificílimos.

Primeiro, me reuni em Brasília com deputados federais, que queriam detonar o Ricardo Teixeira – e a Globo vinha a calhar como parceira. Eu ainda tinha muito material do Eurico Miranda, então preferi começar pelo Teixeira, que era investigado na Câmara. A reunião com os deputados foi na casa do dr. Rosinha, então eleito pelo PT. Lá também estava Aldo Rebelo, hoje ministro dos Esportes do governo Dilma.

– Eu posso ser aliado, mas só tem um jeito de nós trabalharmos: vocês confiando plenamente em mim. Só tem essa saída – eu disse para o grupo.

– Mas nós não podemos dar os documentos para você, porque estão sob sigilo.

– Tudo bem. Os documentos vocês podem deixar, que eu me viro. O que eu preciso são os passos que vocês estão dando, para eu não atrapalhar vocês e vocês não me atrapalharem. Lá na frente a gente se une.

Foi então que eu descobri uma coisa: como a política é parecida com o futebol – todos são malvistos. Nos bastidores de órgãos vitais como o Banco Central e a Receita Federal, os dirigentes do futebol, na maioria, são vistos como ladrões. O problema é que uns se escoram em mandatos conquistados nas urnas, portanto, democraticamente conquistados, mas atuam em meio a clientelismo, assistencialismo, onde rola muito dinheiro. E é isso que tinha sido feito para nascer a Bancada da Bola: políticos que defendiam Eurico Miranda e Ricardo Teixeira. Eu precisava driblar essa gente.

Vários servidores públicos do Ministério da Fazenda, do Tribunal de Contas da União e do Coaf davam assessoria técnica aos deputados da CPI. E os deputados que combatiam a corrupção no futebol mandavam os caras "tirarem as cópias de que eu precisasse". Eu mantinha, em Brasília, dois quartos de hotel: uma suíte no sofisticado JK, onde recebia as autoridades que me forneciam os documentos; e um quarto no hotel Naoum, onde me escondia, para evitar qualquer surpresa. E, de repente, começaram a chegar documentos à suíte. Sem eu me mexer, pilhas e mais pilhas de documentos. Nem eu acreditava. Era imposto de renda, papel de *offshore*, cheques e contratos de negociatas. Eu não conseguia entender e juro, até hoje, que não consigo entender como é que aqueles caras me deram essas coisas e tiveram tanta confiança em mim, sem me conhecer. Porque, se chegasse a polícia na hora em que eles estavam me entregando o material, estaria tudo perdido. Eu não iria preso porque estava apenas recebendo, cumprindo minha missão de investigar. Mas eles...

Conquistada a primeira remessa de documentos mostrando as práticas de Ricardo Teixeira, passei uns dois dias cruzando informações já no Rio. Basicamente eu, o Poli e o Cadu. O Tim, que era um repórter de extraordinário faro, saía para levantar as coisas.

Mas logo voltei à Brasília, para dar continuidade à investigação. Minha primeira reunião na suíte do hotel JK com senadores da República foi um pouco mais dura do que com os deputados:

– Olha, quero saber se querem me ajudar ou não. É simples. Os senhores são senadores da República e eu sou jornalista, e essa é uma relação extremamente difícil, mas quero dizer o seguinte: minhas coisas são de palavra. Os senhores são senadores, mas nós todos somos homens já de idade. Então, agora, nós estamos falando aqui como homens, sem a majestade do cargo. Ou os senhores pegam ou largam. Os senhores podem resolver isso, mas é para resolver rápido. Fazer eu vou fazer. Quero saber se eu vou fazer com os senhores me ajudando ou com os senhores me atrapalhando.

E eu sabia que só tinha gente de bem ali:

– Nós estamos com você.

– Então, não quero encontrar os senhores nunca mais. Quero apenas que pessoas que estejam investigando para os senhores sentem comigo para a gente delinear o quadro.

E os senadores deram carta branca. No Senado investigavam o Eurico Miranda, e havia um senador que se transformou no meu ajudante de ordens. Como me foi útil aquele homem, a quem não posso aqui homenagear por respeito a um sigilo que levarei para o túmulo.

Essas pessoas indicadas pelos senadores eram técnicos que trabalham em vários setores do Ministério da Fazenda e em outros órgãos do governo. Uma garotada águia, com quem depois fiz amizade. Comecei a me reunir com eles. A artimanha era sempre a mesma: um emprestava dinheiro para o outro, tomava dinheiro do outro, enriquecia do dia para a noite. Faziam com que o balanço das entidades ficasse no vermelho, buscavam empréstimos no exterior com taxas muito superior às do mercado – na verdade, pegavam o dinheiro que recebiam de propina de patrocinadores no exterior e traziam para o Brasil sob forma de empréstimos às entidades.

Levei essa papelada para o Rio. Reunimos tudo, mas tínhamos que dividir em dois grupos: Eurico e Ricardo. Nosso primeiro foco foi um laranja do Eurico. O cara morava numa casa pequenininha na Ilha do Governador e, na conta dele, entrava uma montoeira de dinheiro. Duzentos mil, 300 mil reais.

Eu disse para o Tim:

– Acha o cara.

E lá foi ele levantar o tal do sujeito. Coitado do Tim. A mulher dele mandava ele ir para casa cedo, porque eles tinham um filho pequeno. Então, ele queria ir para casa às 7 horas da noite todo dia e eu, como a gente era muito amigo, para sacanear, dizia:

– Você não está trabalhando. Se quer ir cedo para casa, então me acha o homem.

E um dia o Tim o achou. Gravou uma imagem e a gente ia botar no *Jornal Nacional*, mas surgiu mais um problema. Como botar o imposto de renda dos caras na televisão?

Foi contratado um advogado especialista nessa área e fizemos uma reunião ultrassecreta: nós, a diretora jurídica da Globo, esse advogado e um consultor externo. A essa altura, já tínhamos uma pacoteira de documentos sobre a vida do Eurico e de outros presidentes de clubes, como o do Flamengo, o do São Paulo, além de muita coisa do Ricardo Teixeira.

Conversamos com o tributarista, um cara bom, muito respeitado, e ele nos disse:

– Olha, vocês têm direito a sigilo de fonte, podem botar no ar.

Então, a TV Globo detonou ainda mais o Eurico. Ele, então deputado federal, tinha imunidade parlamentar, o que é um dos maiores absurdos deste país, porque serve para qualquer coisa. Eu acho que o sujeito só deveria ter imunidade para o que *fala* como parlamentar, mas não para as *ações*. O sujeito dá um tiro no outro e tem imunidade, só pode ser julgado pelo Supremo Tribunal Federal por um crime que cometeu como cidadão. Enfim, esse é apenas um entre tantos absurdos deste nosso Brasil.

Um dia, cerca de cinco dias depois daquela reunião com o tributarista, vi, numa declaração de renda de um dos nossos investigados, um nome ligado a um pagamento vultoso por um trabalho advocatício. "Eu conheço esse nome", pensei. Liguei para o Poli.

– Poli, como é mesmo o nome do advogado que foi nosso consultor naquela reunião?

– Fulano de Tal.

– Filho da puta! Esse sacana estava na nossa reunião, ganhando uma grana, e ele está no rolo. Ele cuida da vida tributária de um... Nós trouxemos a raposa para dentro do galinheiro. Acabou o segredo da investigação.

Mas, a essa altura, o Eurico Miranda já estava exposto. Ele estava numa briga com a Globo, porque tinha a CPI querendo pegá-lo e eu botando as matérias no ar. Só que chegou uma hora em que eu cansei de fazer matéria do Eurico Miranda e passei a bola para outro, porque tinha muita coisa acontecendo. E o caso do Ricardo Teixeira se avolumava. Comecei a achar coisas grandes. Descobri que o advogado tributarista, nosso assessor, trabalhava para o Ricardo Teixeira. E eu tinha uma ordem da Globo: não chegar perto do Ricardo Teixeira nem dos amigos dele. Perdi a paciência:

– Ora, se eu não chegar perto deles, como é que eu vou fazer? Eu preciso apertar, para um deles abrir o jogo.

A Globo estava em negociação pelos direitos de transmissão da Copa do Mundo, e teria que fechar contrato com a Fifa. Teixeira mandava nas duas.

Então continuamos pela beirinha. Descobrimos que o presidente da CBF tinha uma mansão de um quarteirão na paradisíaca praia de Búzios, litoral do Rio; uma mansão em Boca Raton, nos Estados Unidos (conforme vimos no capítulo anterior); uma mansão no Itanhangá, área nobre da Barra da Tijuca; e uma mansão na região serrana do Rio. Casas montadas. Quatro palacetes, todos prontos para ele sair e entrar. Para quem entrou no futebol com uma pequena empresa de investimentos à beira de quebrar, até que Ricardo Teixeira progredira bem.

Começamos a descobrir *offshore* fora do país e recebi uma pressão como raramente tive na vida. De todos os lados vinham telefonemas apelando para eu parar a investigação. E a Globo? Pressionada à morte, mas aguentando firme.

Achamos a mansão na serra, a mansão em Búzios, a mansão nos Estados Unidos. A do Itanhangá eu já conhecia. Eu queria ir filmar a casa americana, porque quando estive lá só tinha visto o condomínio por fora, mas nada de a Globo me liberar para a viagem, o que era raro. Eu sempre tive uma autonomia gigantesca quando descobria alguma coisa, mas, naquele momento, só recebia "não".

Na verdade, eu tinha um truque para filmar a casa. Aquela região de Boca Raton, perto de Miami, é uma região de praia, bonita, com muito voo panorâmico de helicóptero. Minha ideia era alugar um helicóptero e dizer para o piloto:

– Pode parar nesse heliponto do condomínio, eu tenho um amigo aí.

E até achar o "amigo", a gente ficaria numas de "é ali", "não, é ali", "me enganei", e assim filmaria a mansão do Ricardo, e estava feito.

Disse para a Globo qual era meu plano, que ia ser mole, porque lá, como era um condomínio exclusivíssimo, eu não ia conseguir dar o velho golpe fingindo interesse em comprar uma casa, como fizemos no condomínio do Eurico Miranda. E a Globo nada.

Fomos ficando muito agoniados. "Isso não vai virar", nós pensávamos. E eu por dentro com uma desconfiança de que não ia virar mesmo. Mas eu dizia para a equipe:

– Rapaz, isso é questão de paciência. Nós não podemos afrouxar agora que já temos material (casas, carro e empréstimos fajutos).

O Ricardo Teixeira tinha um carro nos Estados Unidos, uma BMW, e nós levantamos uma história. Uma amiga brasileira dele tinha pegado o carro emprestado, sofrera um acidente e morrera. Nós tínhamos o registro do acidente, o carro no nome dele, o enterro da mulher aqui no Brasil, o número do telefone, tudo. Então, a enrascada era grande.

Nós começamos a montar um cenário das empresas dele. Aparentemente, o dinheiro saía da CBF para ser aplicado numa corretora, e quando eu levantava o dono da corretora era o Fulano de Tal, que era sócio de uma empresa que tinha como cotista majoritário Ricardo Teixeira. Aí saía dinheiro para outra corretora, a qual tinha ligação com outra empresa, cujo maior acionista era o Ricardo Teixeira. E por aí ia. Resumindo: o dinheiro da CBF circulava pelas corretoras e todas tinham ligação com o Ricardo Teixeira. Tanto é que, no final dessa história, como você verá, isso virou um *Globo Repórter* e não tomamos nenhum processo. Investigamos a história toda e jamais fomos processados.

Mas, naquele momento, a equipe estava agoniada, achando que não ia dar certo, e a Globo indo para a Copa do Mundo, precisando entrar na concentração, botar câmera. O cara é o presidente da CBF e, na Copa do Mundo, ele é rei. Aí tive uma ideia: fazer um relatório. Porque já estávamos levantando material desde janeiro e era final de abril, e nada! Estávamos todos de saco cheio e queríamos fazer algo com aquelas duas gavetas gigantescas cheias de documentos.

Qual era minha ideia? Eu pensei: "faço um relatório, eles veem o que eu tenho e, se quiserem botar no ar, põem; se não quiserem, vou seguir minha vida, porque não aguento mais ficar morando em Brasília, subindo e descendo de avião pelo mundo".

Aí fizemos um relatório eletrônico, que, no total, tinha uns 16 ou 18 minutos, e ele foi enviado ao Evandro e à família Marinho. Deram como aprovado e disseram que depois iam me chamar para pôr a matéria no ar.

Nesse meio-tempo, uma empresa de marketing chamada ISL Marketing Esportivo faliu, justamente a empresa que tinha comprado a Copa do Mundo e na qual a Globo tinha posto um dinheiro. Por conta disso, o diretor da Globo Esporte, empresa do grupo que negocia os eventos esportivos, viajou com o Ricardo Teixeira para negociar com a Fifa um abatimento no preço da Copa do Mundo, porque a Globo tinha tomado um calote.

Quando eu soube disso, pensei comigo: "Agora é que não vai ao ar mesmo. Ele vai lá negociar para ajudar a Globo, por que é que a Globo ia querer quebrar esse cara?".

Mas eu sempre tinha na cabeça a seguinte questão: todas as matérias que fiz na Globo foram ao ar. Por que essa não iria? Ansiedade e angústia você pode controlar, mas não eliminar.

De qualquer modo, enquanto nada acontecia, tirei uns dias para descansar, numa frustração monstro. Não queria falar com ninguém. O que mais me incomodava era que eu tinha minha palavra empenhada com aquele monte de gente de bastidor em Brasília. Se a minha palavra tinha sido cumprida no caso do Eurico Miranda, no caso da CBF ainda não, e minha decepção era grande.

O Poli foi e conversou com o Schroder, avisando que, na verdade, o relatório estava incompleto, e que tinha muito mais coisa que poderia ser incluída. O Schroder e o Luiz Fernando Lima convenceram o Evandro que aquilo tinha que continuar, que era melhor não parar.

Quatro dias depois me mandaram continuar. Disse para os meninos:

– Agora a gente vai sentar a mamona! Que se dane a ordem de que não pode chegar perto do Ricardo Teixeira.

Achamos a mansão na região serrana e eu disse:

– Pô, nós precisamos filmar essa casa.

Quando eu falei isso, não quis dizer "vamos filmar", mas sim "precisamos filmar". Mas levaram ao pé da letra e entenderam como uma ordem. Pegaram um repórter de uma TV lá da região serrana e filmaram a casa do Ricardo Teixeira.

Ainda não era a hora certa. E por pouco a nossa casa não caiu.

A filha de Teixeira tinha acabado de ter um filho e estava dando de mamar para a criança ali fora, no sol, quando viu a equipe de filmagem. Foi um escândalo. Um dos vizinhos do condomínio era nada mais, nada menos que o Rogério Marinho, um dos vice-presidentes do jornal *O Globo* e irmão do dr. Roberto Marinho. Ele foi reclamar com o Evandro e levei uma bronca monumental, via Luiz Fernando Lima, que me perguntou:

– Mas por quê?

E eu nem sabia que tinham filmado, mas assumi:

– Quem mandou fui eu.

Mandei porra nenhuma, eu estava querendo estrangular os três caras da equipe. Recebi o telefonema em casa, em São Paulo, no domingo, e resolvi segurar o pepino. Fui para o Rio, reuni os três e xinguei até não poder mais.

– Ué, você não disse que precisava filmar? – perguntaram eles.

– Eu também preciso achar o pote de ouro no fim do arco-íris, mas isso não quer dizer que vou achar. Vocês estão malucos, querem pôr tudo a perder. Só façam quando eu disser!

Aí chegaram provas mais contundentes e fui a Brasília. Eram as ligações finais dos empresários com o Ricardo Teixeira. Soube de empréstimos da CBF, com seu balanço permanentemente no vermelho, apesar da fortuna que a entidade recebia pelos jogos e dos grandes patrocinadores. O dinheiro era captado no exterior com juros três vezes maiores que os de mercado.

Com toda aquela papelada na mão mais as filmagens, aquilo foi apertando, apertando... Queríamos que fosse tudo logo ao ar. Eram três caixas grandes de papelão cheias de documentos!

Um dia cheguei para o Luiz Fernando:

– Acabou! Daqui para a frente não dá mais. Isso só evolui se a matéria for ao ar.

A essa altura, Evandro tinha morrido, Schroder assumira a direção geral de jornalismo. E Ali Kamel, vindo de *O Globo*, ocupara a vaga de diretor editorial. Era com ele que a parada seria resolvida. E foi.

Veio a ordem para a gente editar a matéria, porque ela iria ao ar num *Globo Repórter*, só que antes o João Roberto Marinho, que dos três filhos do dr. Roberto é quem cuida do olhar editorial das empresas, queria assistir ao programa.

Sentei com os meninos e escrevi dois blocos grandes, que iam ser editados entre dois blocos pequenos com um apanhado geral sobre o futebol brasileiro. Seria anunciado um *Globo Repórter* sobre futebol e, no meio, colocaríamos a matéria de surpresa, para não sermos surpreendidos por alguma ação jurídica de última hora, uma liminar que impedisse a veiculação do programa.

Fechamos a primeira parte do texto. Aprovado.

Fechamos a segunda, mas o Kamel não gostou e pediu que reescrevêssemos. Depois disso, aprovou.

Editamos e entregamos tudo. E aquela ansiedade... O que é que a família Marinho ia dizer?

Dois dias depois, eu ainda estava no Rio, caminhando na praia, quando o Kamel me ligou:

– Marcelo, o João Roberto viu e está aprovado para ir ao ar. Vem para cá, porque antes você deve falar com o Ricardo Teixeira.

Aquilo me deu um bem-estar enorme. Estávamos em agosto, e essa maratona tinha começado em janeiro! Finalmente!

Fui para a Globo, e o Luiz Fernando Lima e o Kamel me liberaram para ligar para o Ricardo Teixeira, que ia viajar no dia seguinte para a sede da Fifa, na Suíça. Isso era terça e o *Globo Repórter* seria na sexta-feira.

Com um prazer muito grande, porque eu sabia quanto eu, o Poli, o Cadu e o Tim tínhamos sofrido para investigar aquilo, liguei para a casa do Ricardo Teixeira:

– Presidente, aqui é Marcelo Rezende, boa noite!

– O que o senhor deseja de mim?

– Olha, presidente, eu desejo do senhor uma entrevista, porque nós temos aqui uma série de documentos envolvendo a sua administração. São denúncias, coisas para as quais o senhor deve ter uma explicação. Quero dizer que não sou eu que desejo isso, quem deseja é a Rede Globo de Televisão. Sou apenas o interlocutor escalado pela empresa.

– Mas do que nós vamos falar?

– Vamos falar da administração da CBF e de algumas coisas pessoais suas.

– Mas o quê?

Foi conversa de tigre para leão. Eu não querendo dizer o que eu tinha, ele querendo saber o que eu guardava na manga, e eu tendo que aproveitar a dúvida dele.

– Eu estou viajando amanhã à tarde para Zurique, não tenho tempo.

– Não tem problema nenhum, presidente, eu vou até a sua casa agora.

– Não. Na minha casa eu não recebo.

– Então, o senhor me recebe amanhã pela manhã.

– Eu tenho uma reunião de manhã na CBF.

– Presidente, eu estou lhe procurando oficialmente. O que o senhor me disser, eu transmito para a direção da Globo. Isto não é uma caçada, é uma proposta de entrevista. Eticamente, nós temos a obrigação, e moralmente também.

– Me liga amanhã ao meio-dia, que eu vou arrumar um horário.

No dia seguinte, liguei no horário combinado e ele não me atendeu.

Da sala do Kamel, liguei para o assessor do Ricardo, que disse que ele ia viajar e estava difícil.

– Avisa ao presidente Ricardo Teixeira que, se ele quiser, eu vou a Zurique. Que a ordem que eu tenho é de ir a Zurique entrevistá-lo lá. Como hoje é quarta, eu posso entrevistá-lo quinta ou sexta de manhã, não tem problema algum, mesmo porque o fuso horário ainda me ajuda.

Passei o telefone para o Kamel, que começou a explicar para o assessor:

– Olha, nós temos uma matéria que irá ao ar a qualquer momento e precisamos ouvir o presidente da CBF.

– Então, eu falo com ele e depois dou a resposta – falou o assessor.

Ricardo Teixeira ligou para a família Marinho dizendo que não poderia dar a entrevista em Zurique, porque lá não estaria com os papéis que provavam que tudo aquilo não era verdade. Disse que estaria de volta no domingo e que me receberia na segunda. Foi aquela ducha de água fria, porque o programa foi suspenso. E voltou a dúvida. O programa iria ao ar?

Nesse enrosco absoluto, voltei para casa, em São Paulo, com a ordem de estar no Rio na segunda-feira de manhã. Eu estava muito triste, os meninos também, mas algo lá dentro me dizia, mais uma vez, que a Globo não ia aliviar.

Ansioso, eu me programei para chegar ao Rio no domingo à noite. Então, às 10 horas de segunda-feira eu já estava na sala do Ali Kamel.

A Seleção brasileira tinha um amistoso em Porto Alegre, na quinta-feira daquela semana. Liguei para o Ricardo Teixeira, que já tinha voltado ao Brasil, e me informaram que ele já tinha ido a Porto Alegre.

Liguei para lá e falei com o assessor dele, que disse que ele não poderia me receber porque estava muito compenetrado no jogo, porque tinha muitas coisas para fazer e até tinha ido dormir na concentração – coisa que, até então, ele nunca tinha feito. Assim, ficou aquela incógnita: sem o homem falar, vai rolar ou não o programa na sexta-feira?

Na quinta, o Brasil ia jogar à noite, mas à tarde saímos para comemorar a ordem da família Marinho de colocar o *Globo Repórter* no ar. Como custaria a chegar o dia seguinte à noite.

– Ele não quer falar? Nem hoje? Então, põe a chamada do *Globo Repórter* no ar – tinha sido a decisão dos Marinho.

Nós nem acreditávamos! A Globo considerou um desrespeito ele ter assumido o compromisso de falar e, por duas vezes, não ter cumprido.

Chegou o dia esperado. O *Globo Repórter* foi ao ar. Meu telefone em São Paulo começou a tocar e, entre as ligações, uma me avisava: Ricardo Teixeira acabara de ter um ataque do coração, fora internado às pressas e tivera que se submeter a uma cirurgia. Colocou um *stent*. A pressão tinha sido forte demais.

De todas as reportagens que fiz, essa talvez tenha sido a que mais me fez sentir pressionado, além de ter tido que vivenciar a frustração de ver Ricardo Teixeira mandando no futebol brasileiro por tanto tempo. Mas a frustração passaria – o que começara no *Globo Repórter* se estendeu para jornais, outras TVs até que chegou o dia em que vi Ricardo Teixeira renunciar a seu cargo na CBF. Era março de 2012.

A mim parecia impossível, mas logo me lembrei de uma frase: "Impossível só define o grau de dificuldade".

O telefone tocou. Era o Tim, meu amigo Tim Lopes: "Sabe o baile funk das meninas sorteadas para sexo...".

Mas essa é outra história.

- 14 -
Nada a perder

"Mas essas são outras histórias."

Como sempre, entre um trabalho grande e outro, eu tirava uns dias de descanso. Quando voltei, fiz logo de cara algumas matérias, mas nenhuma de grande importância.

Chegava 2002, e o publicitário Washington Olivetto foi sequestrado em São Paulo. O grupo que o sequestrara era formado por chilenos. E eu tinha um contato no Chile: um professor universitário que combatera a ditadura sanguinária do general Augusto Pinochet.

O professor me fora apresentado anos antes pelo meu amigo João Saldanha. Fui para o Chile. Soube que os criminosos tinham sido integrantes da histórica Frente Patriótica Manuel Rodríguez, grupo marxista que combatera Pinochet. Descobri que eles receberam ajuda de uma brasileira, cuja mãe tinha uma ligação com o revolucionário MR-8, que lutou contra os militares que tomaram o governo brasileiro. Todos, à exceção da mãe, tinham aderido à bandidagem.

Também levantei uma história muito interessante no Recife, que naquela época tinha se tornado a capital com o maior índice de criminalidade do país. Eu descobri que quem mais matava era o Serviço de Inteligência da Polícia Militar de Pernambuco, o chamado SEI. Fiz uma reportagem e o governador Miguel Arraes acabou com o SEI. Cerca de 90 policiais foram afastados, a maioria presa.

No meio de todos esses acontecimentos, em 2002 fui sondado pela TV Record e também pela RedeTV! Meu contrato com a Globo havia vencido e eu não conseguia chegar a um valor salarial que me parecesse justo. Pedi um número, vieram meio tímidos. Achei que era hora de conhecer o mundo lá fora, apesar dos quase 23 anos de Organizações Globo, onde cresci sendo sempre extremamente bem tratado.

A proposta da RedeTV! era para eu ancorar o *Jornal da TV*, no horário nobre. Quem me convidou foi o Alberico Souza Cruz, então superintendente de jornalismo do canal e que tinha sido meu diretor-geral na TV Globo.

Minha ideia era fazer um jornal diferente. Não era ser um âncora como os de hoje, que dão opinião, mas conversar de alguma forma com a pessoa em casa. Eu tenho esse jornal até hoje na cabeça – e como ainda posso vir a usá-lo, melhor não contar, certo?

A RedeTV! também tinha contratado o José Luiz Datena para comandar o *Repórter Cidadão*, um jornal policial nos fins de tarde. Quando faltava uma semana para eu estrear no *Jornal da TV*, o Datena ligou para a RedeTV! e disse que não ia mais trabalhar lá e que estava voltando para a Record. Eu aguardava a estreia do meu jornal, quando o Alberico me ligou:

– Marcelo, vem para cá correndo.

– Por quê?

– O Datena sumiu.

– Já avisaram a família dele?

– Que família, porra nenhuma. Ele não vem mais trabalhar aqui.

– E o que eu vou fazer aí?

– Você vai ter que apresentar o *Repórter Cidadão* hoje.

Falei para o Alberico:

– Ô, chefe, não tenho nada a ver com esse programa, nunca fiz nada desse tipo. Esse *Repórter Cidadão* é um rolo. Motoqueiro cai, tem negócio de protetor de coluna cervical. Tem um tal de comandante Hamilton num helicóptero. Tá louco!

– Marcelo, tem que apresentar, não tem jeito. Estou pedindo um favor de amigo.

– Tudo bem, mas fico uma semana, até você encontrar outro.

Mal sabia eu que meu destino profissional estava mudando naquele momento. Para sempre.

Entrei e apresentei com a ajuda do diretor executivo José Emílio Ambrósio, com quem já trabalhara na Globo e é meu leal amigo até hoje. Zé ficava me orientando pelo ponto, um aparelho que se usa no ouvido para escutar as ordens vindas do local de exibição dos programas. Mas acabei ficando uma semana, duas semanas...

Ninguém tem noção do que são os programas policiais. Qualquer ser humano normal não aguenta. Há monitores nos canais que são seus concorrentes, além de um monitor no Ibope, com medida de audiência em tempo real, e você vai fazendo o programa conforme os adversários e o Ibope. E isso tudo você decide ao vivo. E eu achando a linguagem antiga!

Um dia me sentei com o Alberico:

– Chefe, não quero mais fazer isso. Desse jeito não dá.

– Marcelo, me dá mais alguns dias.

– Faço mais esta semana e fim de festa.

Na segunda-feira, os donos da RedeTV! me chamaram:

– Marcelo, nós queremos que você continue no *Repórter Cidadão*, e nossa ideia é botar o programa no ar às 16h15.

Detestei a ideia de início. Mas aí negociamos, negociamos, negociamos, e eu tinha coberto uma operação policial ao vivo, ainda à luz do dia, que tinha dado supercerto. Foi quando descobrimos que as operações policiais de dia rendiam muito.

Foi assim: começamos o programa numa tarde e recebi a informação de que uma mulher estava sendo libertada de um cativeiro naquele momento. Eu botei a equipe lá. Esperei a mulher sair e mostramos o cativeiro, tudo ao vivo. Depois, o repórter disse o seguinte:

– A polícia está indo prender um sequestrador, tivemos informação de que ele está em tal lugar.

Chegamos lá, a polícia prendeu o bandido numa casa. Mostramos ao vivo.

Aí o repórter entrou de novo:

– A polícia tem a informação de que outro sequestrador está em tal lugar.

Fomos lá e também mostramos a prisão ao vivo.

Eu nunca tinha visto sequestrador ser preso ao vivo na televisão. Eu tinha gravado muita gente sendo presa, mas ao vivo acho que foi a primeira vez na história, e era agosto de 2002. Nessa tarde, o *Repórter Cidadão* ficou em segundo lugar absoluto, só perdeu para a Globo.

Foi com isso em mente que a RedeTV! quis me propor o horário das 16h15 até 18 horas e pouco. O *Repórter Cidadão* ficava absoluto e eu ainda tinha, durante quase todo o tempo, a luz do dia para mostrar as ações. Decidi ficar. O legal foi termos descoberto um formato totalmente novo, um programa de operações policiais ao vivo. E, como sempre me falam que sei contar histórias, eu tentei colocar na cabeça dos repórteres que eles deveriam se transformar em contadores de notícia, o que seria uma coisa completamente diferente. Afinal, quando você conta uma história, conta algo que você vivenciou ou que alguém lhe contou. Já o contador de notícia, que é um conceito que criei no programa, tem o factual, e, a partir do factual, ele conta a história.

O *Repórter Cidadão* conquistara o segundo lugar. Era o líder de audiência da RedeTV!, rodeando sempre de cinco a sete pontos de média. Uma coisa extraordinária. Foi aí que a Record entrou no circuito. Sete meses de negociação e lá estava eu mudando de novo de canal. Datena bandeara outra vez, agora para a TV Bandeirantes – assumiria o *Brasil Urgente*, até então comandado pelo meu querido Roberto Cabrini.

Datena ainda vai ser um capítulo à parte de um futuro livro – nossos caminhos há mais de dez anos se cruzam – e eu gosto muito dele, um coração extraordinário de um homem que não aprendeu a desfrutar dos prazeres da vida.

Fui para a Record em 2004, assumi o *Cidade Alerta* e, para minha surpresa, um dia o programa foi tirado do ar mesmo dando picos de 20 e tantos pontos. A mão do então presidente Lula determinara o fim do programa: eu fazia muitas críticas, às vezes sem necessidade e exageradas, reconheço aqui. Ele então pediu "minha cabeça". Fiquei perdido, aborrecido e me mandei. Não sem antes – e também com exageros – brigar com o dono da bola, o bispo Honorilton Gonçalves. Com quem, no futuro, me reencontraria...

Da Record, voltei para a RedeTV!, agora sim para assumir o jornal da noite, que ganharia um nome pomposo: *RedeTV! News*. Era 2005. Tudo ia bem até 2008, quando os donos Amilcare Dallevo e Marcelo Carvalho me pediram para ressuscitar o *Repórter Cidadão*. Eu disse não – fui mandado embora.

Oito meses desempregado. Uma dor que só quem já passou pode explicar. Meu mundo desabou e, junto com ele, perdas incontáveis. Até que um dia o telefone tocou: era a Band.

Mas quase ao mesmo tempo um homem cruzou meu caminho. Um homem que o Brasil conhece, um homem que é amado por muitos, rejeitados por outros. Eu deveria estar em uma palestra no Hotel Hilton, em São Paulo, vendo-o falar para poucos – e eu deveria ser um desses poucos.

O homem: bispo Edir Macedo.

Eu não tinha nada a perder.

Mas essas são outras histórias.

Até a próxima!

Este livro foi composto em Bell Std
para a Editora Planeta do Brasil
em dezembro de 2013